AF500772

AMOURS SECRETTES

DE

NAPOLÉON BUONAPARTE.

Imprimerie de Mme. V^{e}. PERRONNEAU, quai des Augustins, n°. 39.

Je la prends dans mes bras et je me précipite vers l'escalier ; mais à peine suis-je à moitié, qu'un tourbillon de flammes m'oblige à remonter. Tom 2 Pag. 22

AMOURS SECRETTES

DE

NAPOLÉON BUONAPARTE;

Par l'Auteur du PRÉCIS HISTORIQUE, des MÉMOIRES SECRETS, et de la DÉFENSE DU PEUPLE FRANÇAIS.

TROISIÈME ÉDITION,

Revue, corrigée, et augmentée d'une nouvelle figure.

TOME SECOND.

A PARIS,

Chez GERMAIN MATHIOT, libraire, quai des Augustins, n°. 25.

Septembre 1815.

AMOURS SECRETTES.

DE

NAPOLÉON BUONAPARTE.

Il y avait six mois que j'avais perdu mon protecteur, M. le comte de Marbeuf; sa mort me fut d'autant plus sensible, que je sentais combien il allait me devenir nécessaire. La calomnie a publié qu'il était mon père : un fait seul détruit cette imposture. Ce fut en 1768 que l'île de Corse fut cédée à la France. M. de Marbeuf n'arriva dans l'île que le 3 septembre de la même année; j'avais déja reçu le jour. C'était il est vrai le second voyage qu'il y faisait; car en 1764, il y avait passé dix-huit mois. Quoi qu'il en soit, en le perdant, je me trouvais privé d'un excellent protecteur.

Je partageais mon tems entre mes études et mes amours. Louise, amante paisible mais fidelle, suffisait à mes desirs. Son commerce s'était sensiblement amélioré; elle jouissait même d'une petite aisance dont chaque jour elle me remerciait.

Nous étions en 1788 : déja l'horison politique des Français commençait à se rembrunir. Les idées philosophiques fermentaient dans toutes les têtes. Les ambitieux, les mécontens, les brouillons commençaient à décrasser la canaille, et l'invitaient à réfléchir. Sitôt qu'un goujat réfléchit, il se considère des pieds à la tête, il mesure la largeur de ses épaules, il regarde ses muscles, il frappe ses poings, il fait craquer ses dents, et se dit : Ce ministre qui m'outrage, cet homme de cour qui m'éclabousse et qui quand je m'en plains, menace encore de me rouer de coups ; que sont donc ces deux hommes plus que moi ?. Ils ont leurs emplois et leurs richesses. Eh bien ! moi, j'ai la force qui vaut beaucoup mieux ; et s'ils ne changent de procédé, d'un coup de poing je les enverrai l'un et l'autre mesurer le pavé. Quand les masses raisonnent ainsi, elles ne sont pas loin d'être séditieuses, et les monarques n'ont alors qu'un choix à faire : ou d'obéir ou de les écraser. Si pendant mon règne, un homme d'état m'eût nié ces vérités, je l'aurais fait battre de verges, pour lui apprendre à ne point coopérer à la perte de son prince. Ce premier grain des tempêtes révolutionnaires fit naître dans mon cœur une joie indicible, et dont je ne pouvais raisonnablement me rendre compte. Il me semblait entrevoir dans le lointain cet océan d'évènemens au milieu desquels je devais écraser toutes les renommées.

Ce fut à-peu-près à cette époque que je fus présenté au concours pour l'arme de l'artillerie. J'obtins sur-le-champ une place de sous-lieutenant dans le régiment de la Fère. Ce premier succès fut un aiguillon de plus; et dès ce moment, je me dévouai plus que jamais à tout ce qui traite de l'art des guerriers: Polybe, Arrien, Quinte-Curce, et sur-tout les Commentaires. Je ne me bornai point aux leçons de l'antiquité; Vauban, les Mémoires de Montécuculli, de Folar, de Feuquières, de Puységur, de Berwick, du prince Eugène et de Villars me furent bientôt familiers ; c'est surtout dans les Rêveries du maréchal de Saxe, que j'ai puisé une foule d'excellentes idées.

Mon ambition naissante n'avait sans doute pas besoin d'être stimulée, et cependant un de mes professeurs, M. l'Eguile, m'apprit, sans le vouloir, que déja l'on me distinguait fortement des autres. Le premier, il me donna l'idée de ne point tromper l'espoir de ceux qui prévoyaient mes destinées. M. l'Eguile était chargé du soin de former la liste des candidats pour le concours de l'artillerie ; il devait, en marge de chaque nom, indiquer le lieu de naissance, le caractère et les mœurs de l'élève ; il écrivit à côté de mon nom : « Corse de nation, studieux, solitaire, plein d'audace ; il ira loin, si les circonstances le favorisent. » Cette note dont beaucoup d'autres auraient été mécontens, me fit un plaisir extrême. C'était pour ainsi dire fixer les regards sur moi, et je n'en demandais pas davantage pour le moment. « Plein d'audace ; il ira loin si les circonstances le favorisent. » Ces mots ne sortaient point de ma pensée ; ils centuplèrent mes espérances. Oui, j'irai loin, me disais-je, et je forcerai les circonstance à me servir. N'être qu'un simple écolier, sans appui, sans fortune, et se placer en idée au rang des premiers hommes du monde, est un état violent, sans doute ; mais il est plein de charmes pour celui qui croit pouvoir un jour réaliser les rêves de sa naissante ambition.

Qui que vous soyez, Français, Allemands, Anglais, Espagnols ou autres, rendez-moi justice; celui-là qui dès son berceau conçut l'idée de se placer au-dessus des autres hommes, qui s'imposa des lois, des règles; qui se fit un plan de conduite, qui se soumit à des privations sans nombre, privations toujours sensibles à son âge; dites-moi si celui-là devait être confondu dans la foule; dites-moi si cet homme n'a pas mérité l'immense réputation qu'il s'est faite? Je ne mendie point vos suffrages, je suis sûr de vos éloges secrets, qui ne blessent en rien la puissance de ceux qui vous gouvernent.

A ce torrent de pensées, à ces

projets à venir, à l'assiduité de mes études, je n'avais d'autres distractions que les caresses de mademoiselle Létang. Dans ses bras, le plaisir déridait mon front naturellement froid et sévère. Louise, brillante de santé, fortement constituée, n'était point voluptueuse, il est vrai; mais en récompense, c'était l'ange de l'amitié. Elle me pressait rarement sur son sein; mais elle était heureuse quand je la pressais sur mon cœur. La beauté des formes de mon amante, suppléait au desir qu'un autre eût éprouvé. J'étais, au surplus, dans un âge où je pouvais être complettement heureux dans les bras d'une femme, sans la contraindre à me rendre caresses pour caresses. J'avais rencontré dans Louise tout ce qu'il me fallait. Je ne voulais plus d'engagemens sérieux, et mademoiselle Létang n'aurait osé m'en proposer. L'idée de ses écarts, toujours présente à sa mémoire, lui faisait une loi de n'y jamais penser. En apprenant que j'avais été nommé sous-lieutenant au régiment de la Ferre, elle me dit : « Cher ami, nous allons donc nous quitter ; je ne te parlerai point de ce qui se passe au fond de mon cœur; tu n'y croirois pas : s'il ne fallait que la moitié de mon sang pour te retenir auprès de moi, tu ne quitterais point la capitale; mais ton départ est indispensable: il faut s'y résigner. J'aurais moins de chagrin, si je te croyois convaincu que je t'ai toujours tendrement aimé. » De grosses larmes roulaient dans ses yeux. « J'ai assez de mes peines, chère et tendre fille, n'y ajoute point encore la douleur que tu éprouves. Crois-bien, mon amie, que si j'avais cru n'être point aimé, jamais, ô non! jamais je ne t'aurais prodigué les moindres caresses! Louise, je pars dans un mois; j'ai maintenant la liberté de sortir quand je veux; j'en profiterai souvent pour venir passer d'heureux momens avec toi. » Quelques baisers furent son éloquente réponse.

Les découvertes de Mongolfier tenaient alors la curiosité en haleine. M. Charles et lui devaient lancer un ballon au Champ-de-Mars. Je voulus donner à mon amante le plaisir de ce spectacle. « Tu prendras tes habits d'homme, lui dis-je, et tu viendras me trouver à l'Ecole militaire; » elle n'eut garde d'y manquer. Arrivé au

Champ-de-Mars, je m'approchai de la machine, qui bientôt allait habiter les régions où la foudre a placé son trône. Tout-à-coup, je conçois le dessein de me placer dans la nacelle, et de suivre le globe dans les airs. Personne alors n'avait encore osé tenter ce périlleux voyage. Cette idée enivrait mes sens; une joie délirante faisait battre mon cœur et bouillonner mon sang. Voir des peuples sous mes pieds, planer au-dessus d'eux, les voir au physique ce qu'il sont au moral, c'est-à-dire, petits, imperceptibles; ce spectacle, je l'avoue, était trop conforme à mon génie, pour penser aux dangers de l'entreprise. Je fis part de mon projet à mademoiselle Létang; elle crut que je badinais. « Je badine si peu, lui dis-je, que si tu veux me prouver que tu m'aimes, tu feras le voyage avec moi. » Elle crut bien alors que c'était une véritable plaisanterie. « Non, je ne badine pas : crois-moi, Louise, je veux m'élever dans les nues ; et si ta tendresse répond à mon audace, là même où se forment les orages, nous nous prodiguerons toutes les caresses de l'amour et de la volupté. De retour sur le globe, je proclame ton sexe, si tu le veux, je te déclare mon amante ; je tournerai tous les regards de ceux qui nous environneront vers le séjour des éclairs ; je leur dirai : Là, au-dessus de vous, dans l'Océan du vide, là même où l'aigle seul peut à peine atteindre, un jeune homme et sa douce compagne se sont donné des marques réciproques de leur tendresse. Nous enchaînerons l'attention des auditeurs, notre inconcevable audace écrasera les censeurs ; la rareté du fait nous méritera les éloges du monde entier, nous serons époux et protégés ; et puis, mon amie, si, dans les vagues de l'air, le hasard voulait que tu devinsses féconde, de quelles qualités ne serait point doué ton fils ! Conçu près du trône de la divinité, il aurait d'un Dieu la force, le courage et le génie. Le monde tomberait un jour sous ses lois ; il terminerait ce que son père ébaucherait pendant son enfance. »

Louise stupéfaite, n'osait en croire ses oreilles. Au feu dont étincelaient mes yeux, elle vit bien que je parlais sérieusement. Je soupçonnais d'avance que la timidité naturelle à son sexe s'opposerait à mes vues sur elle; mais j'étais décidé à faire usage de tous mes moyens pour la contraindre à me suivre ; j'aurais même été despote, et ses larmes m'auraient faiblement affecté, si elle eût osé se refuser à mes desirs. Louise était douce et simple; rien en elle n'était extraordinaire ; mais elle avait du courage, elle m'aimait, ou plutôt elle s'était aperçue que je voulais fortement n'être pas refusé; elle me fit cependant observer que son sexe, naturellement timide, l'autorisait peut-être à ne point souscrire à ma demande. Que l'on pouvait aimer son amant, sans être obligée de le lui prouver d'une manière aussi extraordinaire : « néanmoins, me dit-elle, comme je te dois tout, si rien ne peut te fléchir, je te suivrai. S'il nous arrive quelque malheur... —Eh bien ! lui répliquai-je avec feu, si quelque péril nous menace, nous nous enlacerons dans les bras l'un de l'autre, nous nous écraserons ensemble. » Mademoiselle Létang me prit la main et me dit froidement : « Je te suivrai. »

Nous nous approchâmes alors de l'enceinte où le globe était disposé. Je m'adressai directement à l'un de ceux qni me paraissaient diriger l'entreprise. Je lui fis part de mes intentions. Il me dit qu'il ne pouvait se rendre à mes desirs ; qu'il n'était point assez sûr de la marche de son aérostat pour me permettre d'aller aussi imprudemment m'exposer à des périls immenses. « Que vous importe ? monsieur, nous voici deux amis (je lui montrais Louise) ; nous brûlons de faire ensemble ce voyage aérien, nous ne comptons point les dangers; d'ailleurs, ils sont chimériques. » Une autre personne s'était jointe à celui que je sollicitais. « Messieurs, nous dit-elle sèchement, la chose ne se peut pas, on vous l'a dit, et cela doit suffire; retirez-vous. » Nous fûmes en même tems un peu brusquement repoussés. Outré de son procédé et sur-tout des refus que je venais d'éprouver, je tire mon épée et j'en donne deux coups dans l'aérostat, en disant: « Eh bien! si je ne pars pas avec lui, il ne partira pas au moins aujourd'hui sans moi. » Pendant la contestation, la foule s'était amoncelée autour de nous. Plusieurs jeunes gens étaient d'avis que l'on nous laissât partir avec le globe. Lorsque je l'eus percé, ces mêmes jeunes gens applaudirent à cet élan de colère et d'impatience. Il fallut que les propriétaires de la machine en restassent là : heureux qu'elle était légèrement endommagée.

Cette scène avait donné à Louise la mesure de mon caractère : elle ne put s'empêcher de m'en dire son sentiment. « Lorsque pour la première fois, me dit-elle, j'ai vu mon jeune ami, je le croyais doux, timide ; ah ! combien je me suis trompée ! Quelle intrépidité ! quelle audace ! et surtout quelle impatience ! — Que veux-tu, ma Louise, tel je suis sorti des mains de la nature, et je ne changerais pas mon caractère pour un autre. Avoue cependant, que tu n'es pas fâchée des refus que j'ai essuyés. — Je t'aurais suivi, mon ami : tu le voulais, c'était assez ; mais à te parler franchement, je me trouve fort heureuse de ne point faire un pareil trajet. » Je n'avais plus que huit jours à rester à Paris ; je prévins mon amante que la veille de mon départ je passerais la nuit à ses côtés : cette nuit fut délicieuse. Mademoiselle Létang me pressa continuellement sur son cœur. Paisible amante, je sentais ses pleurs couler sur mon sein ! Sans être bruyante, sa douleur n'en était que plus réelle ; cette chère femme aurait voulu ne jamais me quitter. Il n'est sortes de caresses que je ne lui fis pour éloigner d'elle l'idée de notre séparation. Elle se multiplia pour répondre à mes desirs ; enfin, nous nous séparâmes avec des peines infinies.

J'ai longtems gardé le souvenir de cette intéressante personne. Ses procédés à mon égard lui avaient acquis mon estime, et certes elle la méritait. En la quittant, elle ne m'imposa aucune condition : toujours modeste, toujours en proie à de honteux souvenirs, elle n'osa pas même me demander mon adresse et mon amitié. Aussi fut-elle délicieusement affectée lorsque je lui dis : « Si tu m'as tendrement aimé, je t'ai constamment payé de retour. J'emporte le souvenir de tes caresses ; et si jamais, dans ta vie, il t'arrivait quelque malheur, ressouviens-toi de Buonaparte : quelles que soient les distances, il saura les franchir pour essuyer tes larmes. »

Une nouvelle carrière allait s'ouvrir devant moi : ce n'était plus un simple écolier sous la férule de son régent ; j'allais commander à d'autres hommes ; de vieux routiers, blanchis sous le mousqueton, allaient obéir à ma voix, et je n'avais que dix-huit ans. Mon premier soin, en arrivant à Besançon où était mon régiment, fut de m'attacher à connaître les officiers avec lesquels j'allais vivre. A quelques exceptions près, l'ensemble n'en était point mauvais. Quoique presque tous de très-bonnes familles, ils me reçurent parfaitement bien. Un d'entr'eux seulement me dit un jour : « Il fallait que, du tems des Romains, les Corses fussent bien vils, puisqu'ils n'en voulaient point pour esclaves. — C'est, lui répondis-je avec vivacité, qu'ils n'étaient point faits pour l'être ; et ce refus des Romains est le plus bel éloge que l'on puisse faire de ma nation. » J'étais extrêmement animé en prononçant cette dernière phrase : l'officier eut l'honnêteté de ne point en dire davantage.

Il y avait deux mois que j'étais dans ma garnison, et j'enrageais de bon cœur de ne point trouver à nouer la plus petite intrigue amoureuse, lorsque le hasard me fit faire une connaissance au moment où je m'y attendais le moins. C'était un dimanche, et pendant la nuit, le feu prit chez un menuisier; un violent incendie s'ensuivit : la garnison prit les armes pour maintenir le bon ordre. Au moment où la maison du menuisier s'écroulait, j'entends partir des cris perçans de la maison voisine; ils me parurent venir d'une chambre au second : l'escalier qui y conduisait était à demi embrâsé; les plus hardis n'osaient monter. Les cris redoublent ; ce sont ceux d'une femme : motifs de plus. Je m'élance sur l'escalier en feu; deux grenadiers me suivent; mais à moitié chemin la fumée les aveugle, ils retournent sur leurs pas. Ils n'étaient pas encore au bas de l'escalier, que j'avais enfoncé la porte d'où les cris étaient partis. Quel spectacle s'offre à mes regards! une jeune femme sans connaissance, étendue sur le carreau et n'ayant d'autres vêtemens que sa chemise. Je n'avais pas de tems à perdre : je la prends dans mes bras et je me précipite vers l'escalier; mais à peine suis-je à moitié, qu'un tourbillon de flamme m'oblige à remonter. J'étais perdu, une mort cruelle allait être la récompense de mon courage : cependant l'espoir ne m'abandonne pas. Je rentre dans la chambre où demeurait cette femme; je la dépose sur son lit, afin d'aviser promptement aux moyens de me sauver avec elle. Je n'avais d'autre lumière que la lueur de l'incendie : ç'en fut assez pour me laisser apercevoir que les murs de cette chambre ne sont qu'un composé de terre glaise proprement recrépié en blanc. Je me saisis d'un pieu, et en moins de cinq minutes je m'ouvris une communication dans la maison voisine : elle était déserte; c'était d'ailleurs un atelier de sabotiers. Je me charge de nouveau de l'infortunée, qui respirait à peine. Pour comble de malheur, la porte qui conduisait à l'escalier était fermée. Je dépose mon fardeau sur quelques bottes de paille, afin de faire sauter la serrure; mais à l'instant les flammes, emportées par le vent, viennent éclairer l'endroit où j'étais. Je n'avais plus rien à craindre; et quoique l'incendie ne fût point éteint, le danger était loin de moi. Je m'approche de la personne que j'avais sauvée : ô bonheur! elle est jeune, elle est charmante! J'avais dix-huit ans : depuis longtems j'étais sevré des plaisirs de l'amour; nul témoin ne pouvait arriver jusqu'à moi; une femme jeune, belle et sans vêtemens était à ma discrétion. Ah! ç'en était trop à-la-fois pour ne point brusquer la bienséance et ne point mettre à profit l'occasion. Je m'approche de la belle évanouie : un baiser très-énergique, et fortement appuyé sur sa bouche, lui rend un peu de connaissance. Elle veut s'opposer à mes desirs; mais trop faible pour les réprimer, ma victoire fut complette, qu'elle n'avait point encore entièrement repris ses sens. Je m'empressai alors de briser la serrure et de porter cette jeune femme dans un lieu de sûreté. Au bas de l'escalier elle me dit : « Par pitié, monsieur, couvrez-moi. » Je cherche autour de moi ; je trouve une couverture ; j'enveloppe la belle, et la porte, au milieu des acclamations du public, chez des voisins qui l'accueillirent avec empressement. Tous les officiers du régiment croyaient que j'avais péri dans les flammes ; ils me firent de sincères félicitations sur mon intrépidité et sur mon heureux succès. J'avais, il est vrai, couru de grands dangers ; mais on ignorait que l'amour s'était chargé de m'en donner une douce récompense. Je n'étais pas homme à leur faire part de ma bonne fortune. En amour comme en guerre, peu d'hommes ont mieux su garder un secret que moi.

La chambre où j'avais trouvé la belle évanouie était devenue la proie des flammes, et c'était là que l'incendie s'était arrêté. J'appris le lendemain que celle que j'avais sauvée était une femme de vingt-trois ans, veuve d'un garde-marteau des environs de Salins, et que tout ce qu'elle possédait était devenu la proie des flammes. Je me présentai chez les personnes qui l'avaient reçue : ces braves gens ne se lassaient pas de me regarder ; ils ne pouvaient se faire une idée de mon courage et de mon audace. Je leur demandai à me faire parler à la jeune veuve. « Elle sommeille, me dit-on ; mais on va la réveiller : elle sera si contente de vous voir ! — Non pas, s'il vous plaît ;

laissez-la reposer, elle doit en avoir besoin. » La fille de la maison, qui pouvait avoir alors dix-huit ans, me dit : « Ah ! monsieur, vous avez bien raison ; elle a bien des chagrins, madame Duguet (c'était le nom de la veuve), elle sait maintenant qu'elle est sans asile, mais nous ne l'abandonnerons pas ; elle restera ici, elle couchera avec moi. » Il me vint une idée. J'avais outragé madame Duguet ; j'avais profité de l'absence de sa raison pour lui ravir les dernières faveurs ; je brûlais d'en obtenir d'autres à l'avenir : il fallait, d'un seul coup, obtenir mon pardon et enchaîner cette belle par la reconnaissance d'un double service. Je pouvois avoir alors cent pistoles à ma disposition ; ç'en était quatre fois plus qu'il ne m'en fallait pour arriver à mon but. En province, on est moins corrompu, et par conséquent moins pointilleux. Je priai la jeune fille qui m'avait adressé la parole de vouloir bien me permettre de lui parler en particulier : cela fut d'autant plus facile à obtenir que les personnes présentes n'étaient que des voisins : son père, veuf depuis quatre ans, était absent depuis huit jours. « L'incendie, m'avez-vous dit, mademoiselle, a totalement ruiné votre amie ; hé bien ! il faut m'aider à réparer ce malheur ; il ne faut pas que le service que je lui ai rendu soit incomplet. Connaissez-vous une chambre vacante ? — Oui, monsieur ; là, derrière, précisément sur le rempart. — Croyez-vous que cette chambre convienne à madame Duguet ? — Oh ! j'en réponds. — Hé bien ! tenez, voici douze louis. Courez chez un fripier; achetez un lit et tout ce qu'il faut pour meubler cette chambre ; vous y conduirez ensuite votre amie, sans la prévenir de ce dont il s'agit, et quand elle y sera, vous lui direz que tout lui appartient, sans toutefois me nommer en rien. — Serait-il possible, mon cher monsieur ! quoi ! de pauvres gens vous intéresseraient à tel point?... Vous, si jeune, riche, et de plus officier français. — Je m'intéresse à tous les honnêtes gens; mais encore plus aux femmes jeunes et jolies. — Madame Duguet est bien heureuse d'être jolie. » La réflexion naïve de cette jeune fille me parut charmante; je lui donnai un baiser avant qu'elle eût pu se défendre de le recevoir. Un doigt de rouge vint colorer son front; elle n'eut pas ou la hardiesse ou la force de me répondre. « Hé bien! jeune fille, voulez-vous faire ce que je vous propose? — Oh! monsieur, de tout mon cœur. » Au lieu de douze louis, je lui en remis quinze, en exigeant seulement que je verrais la chambre une fois meublée avant que madame Duguet ne s'y établît.

A ce trait, je crois déja voir tous les grimauds de la littérature coalisés contre moi. Écoutez ces petits roquets noircis d'encre; ces reptiles imperceptibles se redressent, parce que je ne puis plus leur mettre le pied sur la tête; écoutez-les, ils vous diront: Ce trait-là ne peut être de Buonaparte; il ne fut jamais assez généreux, assez sensible; il donna rarement. Si l'homme sage jugeait aussi superficiellement, ces écrivassiers seraient dangereux; mais l'homme sage lit, raisonne et réfléchit. Il se dit : Mais cette action n'a rien de très-extraordinaire; si Buonaparte s'y montre généreux, sensible même, c'est qu'il a la perspective d'une douce récompense. Que lui importe que son action éblouisse le vulgaire : intérieurement il sait bien qu'en penser; et s'il faut admirer quelque chose en lui, c'est qu'il a le grand secret de travailler à ses intérêts et d'en imposer en même tems au commun des hommes.

Voilà ce que j'appelle raisonner; cet homme-là, en deux ou trois phrases, m'a défini des pieds à la tête. Il m'a rendu justice; il n'a pas cru que j'étais sottement généreux pour le plaisir seul de l'être.

En trouve-t-on beaucoup qui le soient ainsi ? Sans être injuste, ni misanthrope, on peut hardiment affirmer que non.

Après avoir donné mes instructions à la jeune fille, relativement à madame Duguet, j'allais me retirer, lorsque la première me dit : « Attendez, je vais voir si elle dort encore. » Je la suivis. Au bruit que nous fîmes en entrant, la malade ouvrit les yeux. A travers sa pâleur et son abattement, elle me parut fort jolie : son étonnement fut extrême en voyant un jeune officier à côté de son lit. « Tu ne connois pas monsieur, lui dit son amie ? Eh bien ! c'est ton libérateur, c'est ce jeune homme, dont le courage et l'intrépidité t'ont sauvée d'une mort affreuse. » Ce peu de mots lui rappelèrent tout-à-coup les aventures de la nuit. Les caresses d'un jeune homme, quel que soit l'état de la femme qui les reçoit, laissent toujours dans le cœur de cette dernière, une legère empreinte que ne peut effacer la douleur. Le voile fut bientôt déchiré pour madame Duguet; elle reconnut bien en moi celui qui l'avait sauvée d'un péril certain; mais elle ne put se dissimuler que j'avais profité de son évanouissement pour lui ravir des faveurs que peu de femmes m'auraient accordées dans un pareil moment. Sa position était vraiment embarrassante. Elle voyait pour la première fois un jeune homme qu'elle ne pouvait reconnaître, et cependant, ce même jeune homme avait obtenu d'elle ce que l'on n'accorde qu'à l'époux. Le rouge qui vint à l'instant remplacer sa pâleur, m'indiquait assez le trouble de son âme. Craignant que la jeune fille qui était présente ne vînt à percer le mot de l'énigme, je m'approchai de madame Duguet. « Quoi! lui dis-je, vous semblez regretter l'extrême bonheur que j'ai eu de vous soustraire à une mort certaine. Si vous pouviez lire au fond de mon cœur tous les sentimens que vous m'avez inspirés, je n'aurais pas, en ce moment, le chagrin de voir que vous détournez vos regards de ma personne. Tous vos amis m'ont félicité de cette action; vous seule m'en feriez-vous un crime? » Elle ne me laissa pas continuer. « Ah! monsieur, vous connaissez mieux que personne ce qu'il en est; mettez-vous un moment à ma place »...

eannette, c'était le nom de la jeune ılle, croyant qu'elle voulait parler de la perte de tout son avoir, s'empressa de la rassurer, en lui disant : « Point d'inquiétude; si le feu ne t'a rien laissé, il te reste encore des amis ; tiens, moi, par exemple, je veux que tu ne t'aperçoives pas de la perte de ton mobilier. Il ne s'agit ici que de prendre courage, et surtout d'être reconnaissante envers un jeune homme qui vient d'exposer ses jours pour sauver les tiens. S'il en était autrement, toute la ville te jetterait la pierre; car, tout le monde fait l'éloge de son action. — Dieu sait ce qu'il en est, ma chère Jeannette; je reconnais vivement le service que m'a rendu monsieur; mais il est des momens où la vie est un fardeau. — Il faut espérer, lui dis-je, qu'il n'en sera pas ainsi pour vous : quant à moi, je mettrai mon bonheur à vous être utile ; et je n'en demande d'autre récompense qu'une place dans votre cœur. » Je lui pris alors la main ; je sentis qu'elle serrait tendrement la mienne. C'était beaucoup dire, sans me parler. Elle demanda alors à Jeannette, si réellement l'incendie avait dévoré tout le bâtiment. Sur sa réponse affirmative, madame Duguet me pria de vouloir bien faire faire quelques recherches dans les cendres. « J'avais, me dit-elle, soixante-quinze pièces de six francs, deux louis, d'autres monnaies, un crucifix d'or et deux gobelets d'argent. Si tout cela n'a point été fondu et dispersé, on pourrait en retrouver quelque chose. » Cette remarque me parut sagement faite, et je m'empressai d'aller sur le lieu de l'incendie. Je craignais que déja quelques fripons n'eussent pris le soin de fouiller dans les décombres; mais les magistrats avaient fait placer des gardes. Je demandai où précisément était la chambre qu'occupait madame Duguet. «Tenez, me dit un particulier, voici encore un pignon de la maison dont cette chambre faisait partie.» J'obtins ensuite la permission d'y faire fouiller conjointement avec les autres locataires de la maison, en présence d'un officier public, à qui je désignai d'avance la somme, les espèces, et les objets que j'avais l'espoir de retrouver.

Mon aventure inspirait le plus vif intérêt. Ma jeunesse et mon intrépidité m'avaient concilié tous les cœurs ; ce fut bien autre chose, quand on me vit entrer dans tous les détails nécessaires pour recouvrer une portion de ce qu'avait perdu l'infortunée Duguet : aussi, mille bras s'offrirent à l'instant pour soulever les décombres. Il me fallut réprimer cet excès de zèle qui aurait pu devenir funeste à mon espoir. Je fis donc commencer les fouilles avec les plus grandes précautions. Déja l'on avait enlevé une foule de solives à demi-brûlées, lorsque nous découvrîmes une immense quantité de gravois, pierres et tuiles. Au travers des cavités de cette masse, on distinguait facilement quelques meubles écrasés, à la vérité, mais sur lesquels l'incendie avait eu très-peu de prise : je fis redoubler de précaution ; enfin, après bien des peines, nous retirâmes des débris, une armoire totalement écrasée, mais pleine de linge, dont la moitié était très-endommagée ; ensuite vint une commode en même état ; mais c'était le meuble que m'avait indiqué madame Duguet, et dans lequel je devais trouver son argent et autres objets.

Il est dans la vie certaines petites circonstances auxquelles l'homme attache plus de prix qu'à de grands évènemens, quoique son sort dépende quelquefois de ces derniers. Je fis l'épreuve de cette vérité à la vue du meuble que je présumais renfermer la petite fortune de madame Duguet. Impatient d'être éclairci sur mes doutes, j'eus en un clin d'œil séparé les morceaux de la commode:

ma satisfaction fut complète à la vue de tous les objets désignés par la propriétaire. Les gobelets étaient aplatis ; mais l'argent était intact ainsi que le crucifix et divers autres ajustemens de femme. Un jeune enfant fut, de ma part, porter ces bonnes nouvelles à madame Duguet. Jeannette accourut, et bientôt tout ce que le feu avait épargné à madame Duguet, fut transporté chez son amie.

La joie de la jeune veuve fut si vive à la vue d'une portion de son linge et de tout son argent, qu'elle ne put s'empêcher de me dire : « Oh! monsieur, pardonnez-moi quelques souvenirs ; mais vous êtes si généreux, si humain! Que n'ai-je une récompense.... — Voici la seule que j'ambitionne, lui dis-je, en la prenant dans mes bras, et lui donnant une foule de baisers. » J'ignore si Jeannette s'était aperçue qu'elle était de trop ou, si elle était sortie avant; mais, en me retournant, je ne fus pas peu flatté de voir qu'elle était absente : c'est alors que je redoublai de caresses auprès de madame Duguet. J'étais tout de feu, je voulais tout obtenir; mais à mon grand regret, je fus contenu de manière à ne me laisser aucune espérance pour le moment. « Vous avez beaucoup fait pour moi, me dit la jeune veuve; mais ce n'est pas une raison, monsieur, pour abuser de ma situation : elle est pénible ; mais intérieurement, vous ne devez pas beaucoup vous en applaudir. Je ne me dissimule pas que cette nuit, vous m'avez eue toute entière; mais dans quel état ! j'étais à demi-morte, sans vêtemens, au milieu des ténèbres, et sur-tout à la pâle clarté des flammes d'un horrible incendie. Ah ! monsieur, ou vous êtes un foudre d'amour, ou vous sautez à pieds joints sur toutes les bienséances, quand il s'agit de satisfaire une passion brutale. — Qui t'a donc appris à parler ainsi, lui répondis-je ironiquement et bouillant de colère ; la femme d'un garde-marteau fait des phrases ! — Elle se trouve heureuse de ne point faire de sottises de son propre aveu. — C'est répondre à des bienfaits par une ingratitude. — Moi, une ingrate ! votre nom, s'il vous plaît ? — Buonaparte. — Eh bien ! Buonaparte, je viens de parler à mon séducteur, au jeune imprudent qui voulait amonceler sur ma tête une foule de maux ; laissez-moi maintenant parler à mon généreux bienfaiteur, au jeune homme intrépide qui ne balança pas à braver les plus grands dangers pour m'arracher aux tourbillons prêts à me dévorer ; laissez-moi baiser ces mains courageuses qui déterrèrent les débris de ma fortune, et me sauvèrent ainsi des horreurs de l'indigence. Si l'impétuosité de votre jeunesse sauve à mes propres yeux une portion de la tache imprimée à votre belle action, ne me forcez pas à la mesurer toute entière. Née dans une classe obscure, vous ne me supposiez point capable de plaider ma cause avec chaleur ; femme, vous vous êtes dit, elle ne résistera pas : sous ces deux rapports, vous vous êtes trompé. Buonaparte peut compter sur une éternelle reconnaissance ; mais la veuve Duguet ne sera jamais son amante. Mais vous-même, dites-moi, jeune officier, si je cédais à vos desirs, je suis, vous le savez, dans l'âge de la fécondité ; vous êtes jeune, impétueux, je me connais, je partagerais votre délire, je. . . . . mais non, écartons ces lugubres images. Si cependant cette nuit..... — Mais, madame, votre imagination vous égare. — Non pas, monsieur, non pas ; je me suis rendu compte de mes sentimens, et mon parti est irrévocablement pris. »

Je ne crois pas, dans le cours de ma vie, avoir été plus fortement contrarié. Lorsqu'un de mes généraux préféra se rendre avec sa légion à quelques milliers d'Espagnols, plutôt que de les écraser ou mourir dans leurs rangs, je n'éprouvai peut-être point un aussi violent mouvement de colère. J'aurais, je crois, écrasé la raisonneuse, si Jeannette n'eût entré dans le moment. Ce qui redoublait encore mon dépit, c'est qu'au milieu de cette scène, la bégueule Duguet me parut la plus belle des femmes; ses refus, ou plutôt la rage de voir une femme résister à mes volontés, la rendirent céleste à mes yeux. Elle me fit un moment oublier la tendre Eugénie. Je ne me possédais plus : c'est pourquoi je pris le parti de sortir de cette maison où sans doute j'aurais fait un éclat.

De retour chez moi, j'eus toutes les peines du monde à me calmer; j'y réussis pourtant en me flattant que le lendemain je serais plus heureux, et que la somme que j'avais remise à Jeannette pour acheter des meubles à madame Duguet, ferait effet sur cette dernière; car il était probable que, d'après la façon dont j'étais sorti de la maison, Jeannette informerait son amie de ce trait de générosité de ma part. Je me rendis le lendemain chez Jeannette : son air triste et interdit ne m'annonçait rien de bon. « Où est madame Duguet, lui dis-je? — J'ai bien regret, mon cher monsieur, de vous apprendre que madame Duguet n'est plus ici : j'ignore ce qui s'est passé hier entre vous deux; mais à peine était-il jour ce matin, qu'elle m'a dit : chère amie, je pars dans une heure pour Dôle. Dis bien à M. Buonaparte que jamais le souvenir de ses bienfaits ne s'éteindra dans mon cœur; que, toujours présent à ma mémoire, la tombe seule me fera oublier le jeune homme intrépide qui me sauva la vie. Je la pressai vainement de s'expliquer sur les motifs d'un aussi prompt départ. C'est alors que je me doutai que, jeune et jolie comme elle est, elle vous avait inspiré de tendres sentimens qu'elle n'avait point partagés. J'ai plaidé votre cause; j'ai fait plus, je lui ai confié le secret de l'argent que vous m'avez remis pour la meubler. Ce trait, je vous l'avoue, lui a fait verser des larmes; mais elle n'en est pas moins partie sur-le-champ, et je ne peux m'empêcher de la taxer d'ingratitude. »

Dans cette dernière phrase, Jeannette avait mis une sincérité, ou plutôt une finesse qui me donna beaucoup à réfléchir. Il ne m'était plus permis de penser à madame Duguet. Jeannette était jeune et fraîche ; or donc, me dis-je, c'est un pis-aller qui n'est pas à dédaigner. Cette ville offre peu de chances, profitons de ce qui nous tombe sous la main. « Eh bien ! dis-je à Jeannette, si madame Duguet est partie, elle m'a prouvé que je dois toujours être dupe de ma sensibilité ; je l'aurais aimée tendrement : rien ne m'aurait coûté pour la rendre heureuse et tranquille. Peut-être trouverais-je en ce pays une amante douce, aimable et fidèle, qui me dédommagera de son ingratitude. » En disant ces mots, j'épiais en secret tous les mouvemens de Jeannette : elle était rouge ; mais sa rougeur avait un air de satisfaction qui ne pouvait m'échaper.

« Tenez, monsieur, voici l'argent que vous m'avez remis pour elle. Oui, jeune et généreux comme vous êtes, nous ne pouvons nous empêcher de vous dire que dans ce pays il est plus d'une fille qui se trouverait heureuse d'être aimée d'un jeune officier comme vous. » En fallait-il davantage pour me donner la mesure des sentimens de cette fille à mon égard? Mes procédés envers madame Duguet m'avaient captivé le cœur de son amie. Celle-ci, sans artifice, laissait percer à chaque mot l'amour que je lui avais inspiré. » Je n'aurais pas à me plaindre, lui dis-je, si vous vouliez, aimable Jeannette! remplacer dans mon cœur l'ingrate qui l'a dédaigné. — Moi, monsieur, madame Duguet était fort jolie, et je n'ai pas cet avantage. — Vous valez dix fois mieux qu'elle, si vous consentez à m'aimer. Cette veuve est déja oubliée; je ne respire plus que pour vous. » Je pris alors cette jeune fille dans mes bras; une foule de baisers lui furent prodigués. Eperdue d'amour, brulée de mes caresses, haletante de volupté, la douce Jeannette ne fit plus aucune résistance; je fus complettement heureux dans ses bras. Jeannette avait une de ces figures dont on ne parle pas. Ce n'était pas le joli minois de madame Duguet; mais en récompense, elle n'avait que dix-huit ans, brillante de santé et de fraîcheur; son mol abandon avait je ne sais quel charme qui suppléait aisément aux caresses délicates d'une femme bien élevée. A tout prendre, je me trouvais très-bien partagé.

Revenue de son premier délire, Jeannette osait à peine lever les yeux sur moi; son embarras était charmant. « Chère amie, lui dis-je, pourquoi ne me dis-tu rien? — Ah! monsieur, je suis si honteuse, si émue, vous m'avez mise en un tel état que je n'ai ni la hardiesse de vous regarder ni la force de vous répondre. — Regretterais-tu, Jeannette, les preuves de tendresse que tu viens de me donner? — Non, monsieur; je fais mal, je le sais; mais j'ai été au-devant de ma chute : la première fois que je vous vis, je vous aimai. » Ce naïf aveu avait trop de charme pour moi, et mon amante en fut sur-le-champ récompensée : nous mourûmes deux fois encore dans les bras l'un de l'autre, et je ne la quittai qu'avec l'espoir de partager son lit la même nuit. Rien n'était plus facile : la chambre où elle couchait donnait sur le jardin dont une porte communiquait sur le rempart. Muni de la clef de cette porte, je pouvais entrer à toute heure de nuit sans être vu de qui que ce fût.

Depuis sept semaines je partageais le lit de Jeannette, lorsque je reçus une lettre de Dôle. Ne connaissant personne dans cette ville, je ne pouvais imaginer qui pouvait m'écrire. Jugez de mon étonnement lorsqu'après avoir brisé le cachet, je vis au bas de la lettre : « Votre infortunée victime, Angélique Duguet. » Que me veut cette femme, me dis-je? Lisons. Voici ce qu'elle m'écrivait :

« En quittant furtivement Besançon, pour me soustraire aux vues coupables que vous aviez sur moi, je n'aurais jamais cru, Monsieur, être obligée de vous écrire six semaines après. J'aime à croire que vous n'avez point oublié la nuit où, profitant de l'état dans lequel vous me trouvâtes, vous fûtes assez coupable pour vous livrer à des transports que je ne pouvais repousser. Eh bien ! Monsieur, cette nuit affreuse, ces caresses perfides et dérobées ont eu des suites funestes ; je suis mère. Maintenant, cette femme qui naguères n'osait envisager son jeune séducteur, le prie, les larmes aux yeux, de se rendre sur-le-champ auprès d'elle. Vous étiez son sauveur, son bienfaiteur et son ami : ces divers titres ne lui suffisaient pas pour l'empêcher de vous fuir; mais aujourd'hui vous êtes le père de son enfant, et ce titre-là lui commande de se rapprocher de vous. Ne vous refusez point à ma prière; venez m'indiquer le parti que je dois prendre : votre présence adoucira les chagrins de celle qui n'était point faite pour être votre infortunée victime. »

Angélique DUGUET.

Cette lettre fut un coup de foudre; l'embarras dans lequel je me trouvais devenait immense. Madame Duguet avait de l'esprit, du caractère, peu d'amour pour moi; donc j'avais tout à craindre. Si je laissais sa lettre sans réponse, elle était femme à se rendre à Besançon, à divulguer ma coupable étourderie, à me sommer de prendre un parti, non relativement à elle, mais seulement pour l'enfant : tout-à-coup la brillante opinion que tout le monde avait de moi se changeait en mépris ; madame Duguet n'était plus la femme que j'avais soustraite aux dangers d'un incendie, mais bien l'infortunée dont ma fatale passion avait mis à profit l'état d'épuisement où je l'avais trouvée; enfin, je devenais le plastron des sarcasmes des officiers de la garnison. Peut-être encore que cette affaire irait aux oreilles de l'évêque d'Autun, qui, indigné de ma conduite, m'aurait privé de sa protection et de ses bienfaits. Cette foule de réflexions vint tout-à-coup m'assaillir, et malheureusement je les trouvais sans réplique. J'aurais voulu que la jolie Duguet eût été cent pieds sous terre, elle et son futur enfant; cependant je n'avais d'autre parti à prendre que celui d'aller à Dôle, et de m'assurer si réellement madame Duguet était enceinte, et sur-tout si je n'étais pas un manteau dont elle voulût couvrir une faute commise avec un autre. J'aurais donné tout au monde pour que cela fût, pourvu que je pusse le lui prouver sans réplique. Sous prétexte d'affaires, j'obtins la permission d'aller passer quinze jours à Dôle. Il ne me restait plus qu'à prévenir Jeannette de mon départ. A travers le naïf amour de cette jeune fille, au travers de son apparente docilité, j'avais aperçu tous les symptômes d'une jalousie peu commune : de pareils sentimens étaient loin de me convenir : aussi je me donnai bien de garde de lui dire que c'était à Dôle où j'allais : le nom seul de la ville lui eût donné le plus fort soupçon. La nuit qui précéda mon départ, je redoublai de caresses auprès de mon amante, afin de lui inspirer une parfaite sécurité.

Le lendemain j'arrive à Dôle ; je me logeai dans une auberge à vingt pas de chez madame Duguet. Toutes les informations que je pris sur son compte furent des éloges sur sa bonne conduite et la sagesse de ses mœurs. Ce n'était pas cela que je demandais ; et bien différent des autres hommes, j'aurais voulu trouver mon amie coupable ; mais il fallut bien aller la trouver telle qu'elle était. J'étais néanmoins bien résolu de prendre avec elle un air sévère, et sur-tout de ne point répondre à ses caresses, car je supposais qu'elle allait m'en accabler. Je frappe chez elle ; elle ouvre : à ma vue, un léger rayon de joie parcourut son front. Je ne desirais pas qu'en entrant elle se jetât à mon cou ; elle ne le fit pas, et j'en fus intérieurement piqué. « Je n'en attendais pas moins, me dit-elle, de M. Buonaparte ; j'étais assurée que mon jeune bienfaiteur, le père de mon enfant, se rendrait à mes instances. — J'aurais pu, lui répondis-je, ne point faire ce voyage ; vos procédés envers moi me sauvaient de tous reproches. » Je croyais que la froideur de cette réponse l'aurait déconcertée ; mais j'étais dans l'erreur. « Mon ami, plût à Dieu que je puisse en agir encore de même avec vous ! mais le voile est déchiré ; je suis mère : il faut que je me concerte avec le père de mon enfant sur les moyens de sauver à la mère infortunée la honte de traîner son infamie dans le pays qui l'a vu naître. — Mais, madame, vous fûtes tellement ingrate envers moi, que j'ai le droit de nier l'aventure de la nuit. — Je vous en crois incapable; mais cela fût-il, mon intérêt personnel exige que je publie cette malheureuse affaire. — Je ne puis pas croire que si vous étiez sure d'un démenti formel de ma part, vous eussiez la hardiesse d'instruire le public de cette rencontre. — C'est que vous ne me supposez pas le courage de me justifier. Les lieux et les dates, mes infortunes et ma jeunesse, ma conduite passée et présente, j'aurai tout pour moi. Vous vous êtes peut-être mépris sur les motifs de ma lettre;

cette erreur serait pardonnable à votre âge. Mon ami, si j'avais eu l'espoir de vous épouser, je ne me serais pas soustraite au plaisir de vous aimer et d'être aimée de vous. Votre action, votre générosité, les faveurs que vous m'avez dérobées, et votre jeunesse, que de titres en votre faveur! cependant je vous ai fui. Pourquoi? la raison en est simple. Je me sentais entraînée vers vous, le précipice était jonché de fleurs, la fuite seule pouvait m'y soustraire : aujourd'hui que les choses ne sont plus les mêmes, j'ai dû vous mander près de moi; mais ne croyez point que ce soient vos caresses seules que j'envie.»

Je regardais madame Duguet; jamais de plus belles femmes ne m'ont parues aussi belles. Je croyais être sévère; j'étais brûlant d'amour; les yeux de la belle m'avaient métamorphosé. Il y avait une heure que sa mort ne m'eût point fait verser une larme, et dans le moment j'aurais donné ma vie pour défendre la sienne. Son caractère, au surplus, et sa fermeté ne me laissaient d'autre parti à prendre que d'entrer dans ses vues ; c'est pourquoi je m'empressai de pallier la froideur de mon premier abord. « Délicieuse amie, vous fûtes bien cruelle envers moi ; mais s'il est vrai que jamais vous ne m'avez haï, je suis encore à vos genoux. » Un doux baiser fut ma récompense : notre souper fut délicieux.

Nous convînmes qu'elle irait faire ses couches à Reims ; que nous ferions élever l'enfant, à l'entretien duquel je pourvoirais. L'occasion, l'isolement, le tête-à-tête avaient, je crois, prêté des charmes à madame Duguet, qui réellement n'existaient que dans ma fougueuse imagination : mes desirs avaient repris leur première force, et les refus que deux mois avant j'avais éprouvés devenaient alors un irritant de plus.

Ma première nuit dans les bras de madame Duguet fut tout ce que j'avais présumé : ce n'était point le mol abandon de Jeannette; c'était une réciprocité de caresses, une cumulation de baisers dont on ne peut exprimer les délices. Quinze jours de bonheur passent comme un éclair; il fallut quitter mon amie. Nos conventions étaient faites; et pour jouir du plaisir de nous voir, il fut arrêté que, comme sa grossesse ne paraissait point encore, elle ferait un voyage à Besançon, où elle resterait le plus qu'il serait possible.

Je me promettais bien de m'arranger de façon à dérober à Jeannette mes liaisons avec son amie : la chose était difficile ; mais j'avais l'espoir d'y réussir. De retour à Besançon, mes premiers pas furent chez Jeannette. Il y avait de la chandelle dans sa chambre. Bon ! me dis-je, elle n'est pas couchée. Je frappe à sa porte ; on éteint la lumière : pour le coup je vis qu'il y avait quelque chose de nouveau. Je redescendis sur-le-champ et vins m'embusquer dans la rue ; car je ne doutais pas que si quelqu'un devait sortir de chez Jeannette, ce ne serait point à coup sûr par la porte du jardin, où j'étais censé être en sentinelle. Je n'attendis pas longtems :

d'où j'étais, je pouvais tout voir et n'être pas vu. Jeannette ouvrit doucement la porte, et fit sortir un homme que je reconnus tout de suite pour être un lieutenant du régiment de Beauvoisis. Je ne tenais point à Jeannette, c'était même un bonheur pour moi d'en être débarrassé; cependant je bouillais de colère. Je force le pas et j'arrête M. Dalmazy (c'était le nom de l'officier). « Monsieur, lui dis-je, voudriez-vous bien me dire quelles relations vous avez avec la jeune personne de chez qui vous sortez? — Vous êtes à coup sûr, me répond-il en riant, l'amant dont la pauvrette a voulu se venger : en ce cas, je m'explique, et nous nous battrons après, s'il le faut. Premièrement, je vous rends votre bergère; elle n'est bonne à rien : c'est une bûche qui s'embrâse volontiers, mais qui ne sait pas échauffer les autres. Quant à vous raconter comment j'en ai fait la connaissance, ceci demande quelques détails que je ne puis vous donner debout : voici un café, entrons-y, et vous verrez s'il est très-urgent de nous couper la gorge pour cette petite fillette. Il en sera, je vous jure, tout ce que vous voudrez, et je n'appelle pas de votre jugement. »

L'enjouement de M. Dalmazy me fit réfléchir qu'en traitant sérieusement la chose, je m'exposerais à faire rire de moi. Je suivis donc l'officier au café. « Mon cher camarade, me dit-il, votre Jeannette n'a pas tort : trois jours d'infidélités de son côté peuvent bien lui être pardonnés en faveur de quinze grands jours de trahison dont vous êtes coupable envers elle. — Comment! Jeannette saurait.... — Oui, monsieur; Jeannette sait que vous avez été à Dôle; que là vous avez une très-jolie veuve, qui, s'étant radoucie en votre faveur, vous a sûrement invité à venir passer quinze jours avec elle. Est-ce vrai? voyons, corbleu! si vous oserez le nier. » La gaîté du maudit officier me fit sortir de mon caractère et je me mis à rire avec lui. « Comment cette fille a-t-elle su?... — Ah! voici le fait. Elle avait quelques soupçons, elle voulut s'en éclaircir. Il y a trois jours qu'elle vint à la citadelle demander de vos nouvelles : elle me crut de votre régiment, et ce fut à moi qu'elle s'adressa. Je n'ai pas l'honneur de le connaître, lui dis-je; mais si vous voulez me dire votre adresse, je prendrai des informations, et ce soir j'irai vous porter la réponse. Elle hésita quelque tems, mais enfin elle acquiesça. Dix minutes après j'aperçus votre capitaine, qui me dit que vous étiez allé passer quinze jours à Dôle, pour affaires. Le soir j'allai chez Jeannette; elle m'introduisit assez secrètement. Monsieur Buonaparte, lui dis je, est allé passer quinze jours à Dôle. J'avoue que le nom de cette ville fit sur elle un tel effet qu'elle faillit tomber à la renverse. « A Dôle, reprit-elle! ah l'ingrat! « il m'a trahie; je devais bien m'y « attendre. » Alors elle m'apprit tout ce qui regardait la jeune veuve que vous avez arrachée à la mort. Voir une jeune fille pleurer l'ingratitude de son amant, et ne point essayer de la consoler, est une chose au-dessus de mes forces ; aussi que n'ai-je point fait pour lui faire entendre qu'elle devait se venger de vous! Protestations, sermens, douceurs, tout fut employé : la pauvrette était indécise ; mais quelques baisers bien chauds, bien appuyés la décidèrent à me choisir pour lui faire oublier vos outrages. »

Le récit de l'officier m'avait mis de bonne humeur. « Est-il bien vrai, lui dis-je, que vous ne voulez plus y retourner? —Non, ma foi ; je n'ai jamais fait cas de ces sortes de femmes qui s'endorment dans les plaisirs qu'un amant leur procure sans s'inquiéter si lui-même en éprouve. — Puisqu'il en est ainsi, faites-moi le plaisir de me suivre chez elle ; mon dessein n'est point de la mystifier, mais d'obtenir seulement d'elle qu'elle ne parlera jamais de mes liaisons avec la jeune veuve de Dôle. » M. Dalmazy me dit franchement : « Mon camarade, je voudrais bien vous obliger ; mais, tenez, voici comme je suis : j'aime une femme ; elle ne me plaît plus, je la quitte ; mais pour lui causer ensuite des chagrins pour le plaisir seul de jouir de ses larmes, j'en suis incapable. Plus d'une fois au contraire, je me suis déclaré le champion d'une belle sur laquelle je n'avais plus aucun droit. — En ce cas, lui dis-je, je ferai mon affaire tout seul ; » et nous nous séparâmes les meilleurs amis du monde.

Bien décidé à faire servir l'infidélité de Jeannette aux intérêts de mon amour avec madame Duguet, je me rendis chez elle. Il est impossible de voir une fille plus confuse, plus décontenancée. « Je viens de parler, lui dis-je, á M. Dalmazy : je ne vous fais aucuns reproches ; mais s'il vous arrive de parler de madame Duguet, je publie sur-le-champ vos intrigues ; » et je lui tournai le dos.

Satisfait d'être débarrassé de cette fille, je me proposais d'obliger madame Duguet à venir s'établir à Besançon, lorsque j'appris que Paoli, rappelé par un décret de l'assemblée constituante venait d'arriver à Paris. J'écrivis à ce célèbre compatriote, pour lui témoigner combien il me serait doux d'embrasser le digne ami de mon père. Je le priais de m'obtenir la permission d'aller le voir. Courrier par courrier je reçus sa réponse et un sémestre.

Mon premier soin fut de me rendre à Dôle et de prévenir madame

Duguet sur ce départ imprévu : je desirais qu'elle me suivît à Paris, mais elle n'y voulut point consentir. « Ce pays, me dit-elle, ne me convient pas ; j'y ai demeuré quinze mois pendant lesquels j'ai continuellement été malade : fais-moi seulement, mon cher ami, le plaisir de m'accompagner jusqu'à Reims. » Je ne pouvais lui refuser cette demande ; je la conduisis dans cette ville, et je la quittai après nous être réciproquement promis de nous écrire exactement.

En rentrant dans la capitale, je ne fus pas peu surpris de voir que tout le monde s'occupait de politique. Le grimaud sous son échope analysait les travaux de la constituante, et le cocher de fiacre, du haut de son siège, répétait à la crapule agitée, les vérités incendiaires que Mirabeau faisait entendre à la tribune.

Il me tardait d'embrasser Paoli. Avec quel plaisir je me précipitai dans ses bras, aussitôt que je l'aperçus! Le héros me pressa plusieurs fois sur son cœur. « Voici, dit-il en me présentant à M. Facelli, le fils d'un ami qui me fut bien cher, d'un brave qui combattit vaillamment avec moi en 1768, à l'affaire de San-Fiorenso. »

J'étais glorieux d'être sur le cœur de ce grand homme : il me semblait que le feu de son génie agrandissait mon être; je le contemplais avec admiration. « C'est bien là, me disais-je, le héros de ma patrie, le défenseur intrépide de ses droits, l'homme enfin dont on ne trouve plus de modèle que dans Plutarque. » Qui croirait, en lisant de pareils éloges, que, dix-huit mois après, ce même homme était mon ennemi ; que nos intérêts n'étaient plus les mêmes, et notre conduite directement opposée? Cela pourtant ne fut que trop vrai, et la raison en est que la réputation de Paoli était faite, et que, de mon côté, il fallait à tout prix travailler à la mienne.

Quoi qu'il en soit, Paoli ne voulut point que j'eusse d'autre maison que la sienne. Après quelques jours de repos, je me rendis chez Louise, cette amante si douce, si reconnaissante, que j'avais totalement perdue de vue depuis mon départ de Paris. Dans les beaux jours de la vie, il n'est rien de comparable à l'absence pour embellir une femme à nos yeux. Mon ancienne amie me parut plus belle de moitié. Au peu d'empressement qu'elle mit à me recevoir, je vis bien qu'elle était piquée de mon ingratitude. « Je ne croyais pas, lui dis-je, Mademoiselle, qu'une aussi courte absence m'eût effacé de votre mémoire. Je vous rendais plus de justice, ou plutôt mon amour-propre m'abusait. — A ce discours, me répondit-elle, je reconnais bien Buonaparte. Il a des torts, il les connaît; mais il n'est point homme à s'excuser : il lui convient bien mieux d'imputer ses torts aux autres, et, de coupable qu'il est, se faire accusateur. S'il en eût agi autrement, je n'aurais plus reconnu le jeune homme impérieux que j'ai tendrement aimé. »

Tout autre eût été mécontent de cette jeune fille; moi, le pouvais-je? A travers les reproches de mon amante, ne trouvais-je point une nouvelle preuve que mon caractère n'échappait à personne ; que quiconque me hantait, s'apercevait bientôt de mon air de domination et de supériorité, bases fondamentales de mes futures espérances. Cependant, je voulus bien pour l'instant descendre jusqu'à la douceur. Louise était trop jolie, et je desirais trop la serrer dans mes bras pour ne point essayer de me justifier à ses yeux, quoique la chose ne fût pas facile. Mais le mensonge est la vérité d'un coupable, si la personne à laquelle il en impose est disposée à le croire. « Louise, croyez-moi, ma chère amie, je ne suis point aussi coupable que vous le supposez. Les devoirs de mon état, mes nombreuses occupations et mon début dans un corps d'officiers, m'ont jusqu'à ce jour empêché d'entretenir avec vous des liaisons de tendresse et d'amitié ; j'ai cependant chargé un de mes amis, que des affaires amenaient à Paris, de vous remettre une lettre dans laquelle vous eussiez vu que Buonaparte ne pouvait oublier sa douce amie. » Louise, à ces derniers mots, me prit la main en souriant : « Ou vous n'avez pas, me dit-elle, autant de caractère que je vous en croyais, ou vous savez merveilleusement le plier à vos intérêts : votre excuse, croyez-moi, n'est pas digne de vous; mais vous savez que je n'ai pas le droit d'appuyer sur votre ingratitude, ainsi n'en parlons plus ; j'ai d'ailleurs à vous parler d'affaires trop sérieuses, et je vous suis encore assez attachée pour vous consulter, ou plutôt pour vous instruire de mes projets. Buonaparte, nous ne pouvons être époux. Un honnête homme, un bon marchand m'offre sa fortune et sa main ; je suis décidée, et dans quatre jours je lui écris que j'accepte l'une et l'autre. Je serais, néanmoins, doublement satisfaite si mon jeune ami me disait aujourd'hui : Louise, le premier je t'ai soustraite à l'opprobre, à la misère, tu trouves l'occasion de te placer au rang des bonnes mères de famille, ne la rejette pas, je serai heureux de ton bonheur. Oui mon ami, votre consentement ajouterait à ma félicité. »

Je n'avais aucun droit sur Louise ; absent, je l'avais oubliée ; prêt à m'absenter encore, je devais l'oublier de nouveau : elle avait au surplus de la fermeté et beaucoup de raison ; conséquemment c'était par pure amitié qu'elle demandait mon consentement à son mariage, et je savais qu'un refus de ma part ne l'empêcherait pas de suivre ses projets ; je m'empressai donc d'y acquiescer, mais à une condition, lui dis-je : « tu n'es point encore à ton époux, nos liaisons ne sont point rompues ; qu'aujourd'hui, pour la dernière fois, je te presse dans mes bras, je te brûle de mes caresses. Louise, l'absence m'a rendu tes baisers nécessaires, je ne te vis jamais si belle, je ne t'ai jamais aussi vivement desirée ; que ce soit la dernière preuve de ton amour et le dernier prix des légers services que je peux t'avoir rendus... »

Au feu de mes regards, à la pétulance de mes desirs, et sur-tout ayant la connaissance intime de mon caractère, mon amante vit bien qu'un refus lui devenait impossible, et bientôt elle fut sur mon sein.

La volupté est un caméléon qui, dans les bras de chaque femme, prend une forme nouvelle. L'imagination d'un amant, momentanément séduit, croit souvent n'avoir jamais éprouvé de plus doux plaisirs que ceux qu'il puise sur le sein d'une amante nouvelle. Quelle douce épreuve n'ai-je point faite de ces vérités dans les derniers embrassemens donnés à ma Louise ! Mon bonheur et mes transports furent inexprimables ; mais ce fut aussi la dernière fois que cette aimable fille reçut mes caresses ; car depuis cette époque, je n'en ai point entendu parler.

Nous étions alors en 1791 ; les

têtes étaient volcanisées. Le paysan quittait sa charrue, le prélat son diocèse, et le gentillâtre ses ruines, pour venir hurler au barreau de l'assemblée, le mot chimérique de *liberté*. Une masse informe d'hommes de toutes les classes, de tous les rangs s'était, du consentement des lois, réunie dans la capitale, sous prétexte de donner aux Français et de nouveaux codes et le bonheur.

Jamais l'ambition, la haine et les passions n'eurent un plus vaste champ. Au nom du peuple, et d'un mot chimérique, au nom de la liberté enfin, des hommes que leurs semblables n'avaient jamais aperçus, firent tout-à-coup preuve de génie, de mérite et d'audace. J'étais honteux de ma jeunesse et de mon peu de consistance dans la société. J'aurais payé de la moitié de mon sang dix années de plus et l'éloquence de Mirabeau. Lorsque de sa tête embrâsée, il s'échappait des éclairs, si j'avais eu son âge, si j'avais été à sa place, c'eût été des foudres. Cependant le regret de ma jeunesse et de ma nullité momentanée fut un motif de plus pour m'encourager à travailler mon avenir.

Dans l'immensité de l'horison révolutionnaire, j'avais déja calculé le grain qui devait produire les tempêtes affreuses dans lesquelles la France a failli trouver un naufrage. Le monarque ne me parut pas être l'homme de son siècle, ou plutôt de son époque. Bon, juste, humain, compatissant, je prévis qu'il se perdrait, si avant d'être le père de son peuple, il ne s'en prononçait hardiment le souverain. Si j'avais été son ministre, je l'aurais porté sur son cheval, j'aurais, pour un moment, forcé son caractère, écarté sa douceur, et bientôt les orateurs et la tribune eussent disparus. J'aurais fait fouiller le garde-meuble, et le lendemain, le monarque, à son réveil, eut trouvé sur sa table, le fouet de Louis XIV, avec ces mots : « Imitez votre aïeul. » Mais les destins en avaient autrement ordonné; et ma gloire future était déja arrêtée dans la volonté de l'Eternel.

Cependant si j'avais été colonel, j'aurais, par reconnaissance, embrassé le parti de la cour, et j'ose assurer que cette petite mutation aurait tout-à-coup changé le cours des évènemens. J'aurais percé jusqu'aux antipodes pour trouver des bras au monarque; j'en aurais ramené des cohortes, je les aurais jetées sur les novateurs, ils eussent été anéantis. Mais je n'étais que sous-lieutenant; et quand on a un état à se créer, il n'est aucun intérêt qui doive nous en distraire.

C'est alors que je m'abandonnai tout entier à l'étude des hommes et des évènemens. Jeune lionceau, tapi derrière ma faiblesse, je mesurais l'arène où je brûlais de m'élancer. Je ne fus pas longtems sans m'apercevoir que, dans cette foule de représentans, chacun, tout en parlant de l'intérêt général, n'avait d'autres vues que son intérêt particulier. Cette multitude de projets partiels convenait beaucoup à mes espérances : j'y voyais le berceau des dissentions civiles; et tandis que les différens partis s'entr'écrasaient, je me proposais bien de faire mes apprêts, et de me jeter tout-à-coup dans la mêlée.

C'est au milieu de ces divers pensées, que je reçus la lettre suivante de madame Duguet.

Monsieur,

« Il y a huit jours que j'ai fait une chute dont les suites ont failli me ravir le jour; cependant à l'instant où je vous écris, je suis totalement hors de danger; mais il en coûte la vie à l'innocente créature que je portais dans mon sein : je ne suis point assez cruelle pour me réjouir de ce malheureux évènement; mais s'il est un des moyens dont le ciel s'est servi pour mettre mon honneur à couvert, je l'en remercie. Quant à vous, monsieur, je ne partageai point votre première faute ; mais par suite je devins votre complice, et nécessairement j'aurais été votre victime. Ne nous le dissimulons pas, Buonaparte, entre vous et moi il existait une barrière qu'il ne vous était point permis de rompre. Un pénible avenir s'ouvrait pour moi ; mais la Providence qui n'a pas vu un crime dans mon erreur, vient de me laisser la liberté de rompre des liaisons que l'honneur ne pouvait approuver ; ainsi, monsieur, veuillez ne point répondre à la présente, qui, dans tous les cas, ne me trouverait point à Reims. Néanmoins, quel que soit le lieu où je me retire, j'y ferai continuellement des vœux pour votre bonheur. »

Angélique Duguet.

Reims, 14 juin 1791.

L'accident de madame Duguet me sauvait, il est vrai, bien des inquiétudes et de l'embarras; mais la sécheresse de sa lettre, et sur-tout le ton décidé qu'elle affectait d'y prendre, me piquèrent vivement. Je ne pouvais me familliariser avec l'idée qu'une femme me laissât ainsi. J'étais homme à me venger d'un pareil procédé, si les circonstance me l'eussent permis; mais ne pouvant m'absenter, je fus contraint de dévorer cet affront, et de ne plus penser à madame Duguet.

Il y avait à-peu-près deux mois que j'étais dans la capitale, où je ne perdais pas un instant de vue et les hommes et les évènemens, lorsqu'un jour Paoli me fit appeler dans son cabinet. « Napoléon, me dit-il, votre père fut un brave homme; il aima sincèrement son pays, et plus d'une fois il a donné des preuves de sa valeur, quand il a fallu défendre l'indépendance de sa patrie. J'aime à croire que vous serez digne de lui : les occasions ne sont pas les mêmes ; mais cependant vous pourrez encore rendre des services à votre pays. Il va partager le bonheur et la liberté que la France se prépare. Je retourne en Corse, je vous emmène avec moi ; vous m'aiderez à diriger nos concitoyens dans l'intérêt de leur gloire et de leur bonheur. Nous leur assignerons les bornes qui doivent exister entre l'amour de la liberté et les désordres de l'anarchie. »

L'excès de ma reconnaissance avait glacé la parole sur mes lèvres ; mon silence fut compris par Paoli, il me pressa contre son sein, et quelques jours après nous nous embarquâmes pour la Corse.

Plein d'espoir de faire servir les évènemens à la noble ambition dont j'étais dévoré, je m'aperçus bientôt que la sagesse de Paoli et sa modération ne pouvaient longtems convenir à mes vues. Ce fut avec un véritable chagrin que je prévis qu'il faudrait quelque jour rompre avec ce grand homme; mais sa réputation et sa fortune étant faites, je devais donc ne pas répugner à faire le sacrifice de son amitié et de son estime, pour faire ma fortune et ma réputation.

La Corse, ainsi que la France, était partagée en différentes factions; les plus turbulentes étant les plus nombreuses, offraient aussi le plus de chances à mon ambition; c'est pourquoi je ne balançai point à me jeter dans ces groupes anarchiques, dont l'individu le plus sage, ou plutôt le moins criminel, est l'intrépide ambitieux, qui, tout en méprisant cette canaille, ne se mêle dans ses rangs que pour l'écraser un jour, ou lui donner des lois.

L'organisation de la garde nationale fut en partie mon ouvrage; aussi j'en fus nommé l'un des capitaines. C'est alors que je fis connaissance avec M. Daletti, capitaine dans le même corps (1). C'était un homme de trente-huit ans au plus; son épouse âgée de vingt-quatre ans, était une des plus belles femmes de l'île.

(1) Je crois avoir bien fait d'avoir déguisé les noms des divers personnages qui figurent dans cette malheureuse affaire.

Étroitement lié avec son mari, sa maison était devenue la mienne. Depuis longtems les douceurs de l'amour m'étaient étrangères. Mon assiduité chez M. Daletti m'offrait trop souvent l'occasion de voir son intéressante épouse, pour échapper à ses charmes. Madame Daletti aimait son mari ; ce dernier me regardait comme un véritable ami ; enfin, si l'honneur et l'amitié ne sont pas de vains mots, tout me défendait de jeter le regard du desir sur l'épouse de mon ami. J'ai fait, et j'en jure pour ma justification, tout ce qu'il était en mon pouvoir de faire pour résister au coupable penchant qui maîtrisait mon âme. Je formai le projet d'être moins assidu chez Daletti. J'espérais que le tumulte des assemblées publiques et le fracas des révolutions pourraient arracher de mon cœur le trait fatal dont l'amour l'avait blessé ; vain espoir : le jour, la nuit, en particulier comme en public, l'image de madame Daletti s'offrait à ma mémoire. Les efforts que je faisais pour en éloigner le souvenir, stimulaient au contraire ma brûlante imagination. Si je me roidissais contre mes desirs, soudain ils dépouillaient l'idole, et la Vénus de Médicis était moins bien formée que l'objet de mes voluptueuses pensées. Ce que je ressentais pour madame Daletti, n'était point ce que deux tendres amans ressentent l'un pour l'autre ; c'était de la volupté, de l'amour, enfin, tel que la celèbre Ninon l'a défini : en un mot, le besoin de m'unir voluptueusement à l'objet de ma tendresse. Fatigué de combattre inutilement ma fatale passion, j'osai me demander seulement : « Si un homme a fait absolument tout ce qu'il était humainement possible de faire pour se délivrer d'un malheureux penchant, et si tous ses efforts ont été vains, est-il absolument coupable ? » Cette question faite à moi-même, je la ferais à plus d'un philosophe, et je n'obtiendrais pour toute réponse, que de brillans sophismes : on m'assommerait de raisonnemens bien sages, bien vertueux ; mais encore plus faux et plus vides de sens. Le raisonneur, au lieu de descendre dans son cœur, irait feuilleter ses livres. Eh bien ! moi, plus vrai et moins scientifique, je résous la question : « Si un homme a commis un délit envers la société, après avoir fait, pour ne point commettre ce délit ; tout ce qu'il lui était humainement possible de faire ; cet homme, dis-je, est coupable dans l'état de société, mais innocent dans l'état de nature. Si les lois de la société l'atteignent, elles le puniront en raison des conséquences qui pourraient résulter de son action ; mais s'il était jugé dans l'état de nature, cette dernière circonstance le rendrait innocent. La loi frappe un demi-coupable pour n'avoir point de grands crimes à punir. »

Certain de la vérité de ces principes, et plaçant toujours mes intérêts avant ceux de la société, je résolus de m'abandonner sans contrainte au penchant que je ne pouvais réprimer. Si quelque chose pouvait encore me retenir, c'était la crainte d'échouer dans mes projets et de m'attirer la haine de M. Daletti. J'avoue que cette circonstance pouvait m'arrêter tout-à-coup, et me perdre entièrement dans l'esprit de mes concitoyens. Une passion qui, dans mon cœur, l'emportait sur mon ambition, n'était certes point un léger penchant; et voilà, je crois, une justification sans réplique, aux moyens que j'employai pour me satisfaire.

Il importait beaucoup à mon projet de connaître quelle était la moralité conjugale de la belle Daletti. On n'a pas oublié que depuis quelque tems, j'allais très-rarement chez elle. La première fois que je m'y présentai, elle m'en fit d'agréables reproches. « Quelque belle, me dit-elle en riant, nous aura sûrement privés de votre société? Quoique votre présence ici me fasse infiniment plaisir, je ne serais point fâchée de vous voir amoureux, cela vous égayerait ; car, mon cher Napolione (1), vous n'avez pas l'air satisfait. — Vous avez raison, lui répondis-je, je ne suis point satisfait. Il est vrai, madame, que je sens vivement battre mon cœur à l'approche d'une belle ; mais jamais personne encore n'a reçu l'aveu des sentimens auxquels je suis en proie. — Allons, monsieur, vous badinez ; me croyez-vous assez bonne pour croire qu'à votre âge, jamais une femme n'a reçu vos caresses, et n'y a répondu ? — Un pareil aveu me coûte ; je suis tenté de vous dire

(1) En corse on prononce *Napolione*, pour dire Napoléon.

le contraire, tant il me suppose peu de moyens ; cependant rien n'est plus vrai que cet aveu, dont je rougis malgré moi; mais vous êtes trop mon amie, pour que j'aie à craindre qu'un pareil secret sorte de votre cœur. Ce n'est pas, au surplus, que la nature m'ait refusé un cœur; au contraire, je me sens depuis quelque tems, capable de brûler une femme de mes caresses, et de lui donner des preuves multipliées de mes transports. » Le piége était adroit. Bien des femmes, à l'âge de la belle Daletti, eussent été flattées d'avoir les prémices d'un jeune homme. Il est certaines femmes, peut-être honnêtes jusqu'à ce moment, qui n'eussent point résisté à la tentation.

Madame Daletti à beaucoup de vertus joignait un fond de gaîté inépuisable. « Savez-vous, continua-t-elle, qu'une bégueule ne suivrait point cette conversation ; mais elle a quelque chose de si piquant, que je ne me priverais pas du plaisir de vous répéter que je ne puis.... — Ne croyez rien, madame ; je vous en supplie. Ou plutôt, finissons sur un sujet qui me couvre d'humiliation. Cependant, chez moi, c'est défaut d'occasion ; vous n'ignorez pas que, dans toute autre circonstance, j'ai quelquefois déployé de la fermeté et des moyens. » Ces derniers mots, prononcés avec un mécontentement étudié, la firent éclater de rire. « Vous vous fâchez ? — Madame, j'en suis incapable ; mais je vous observe seulement que votre extrême gaîté, me fait regretter de vous avoir confié un pareil secret. — Tranquillisez-vous, mon ami, vos secrets sont en sûreté. Au surplus, si j'étais dans le cas de les publier, on n'y croirait pas ; ainsi, vaut mieux me taire. Mais puisqu'il est vrai que de tendres desirs vous agitent, que ne faites-vous comme votre ami? Depuis sept ans qu'il est mon époux, j'aime à croire qu'il n'a pas compté un moment de chagrin. J'en suis aimé, je l'adore ; en un mot, il est le plus fortuné des hommes, et moi, la plus heureuse des femmes. Que n'adressez-vous vos vœux à la jeune Camille Aréna? C'est, vous le savez, la plus jolie personne de votre pays ; elle est même un peu votre parente : je me charge d'en parler à sa mère. — Oh, madame ! que parlez-vous d'épouse et d'établissement ? Oubliez-vous, qu'avant d'y penser, il faut absolument que je me fasse un état ; et que les seules ressources que j'ai pour y parvenir se bornent à mes talens, à ma jeunesse, et à ma liberté. — En ce cas, mon cher ami, brisons-là ; vous m'estimez assez pour me croire incapable de vous servir en un autre sens. »

Après une pareille conversation, et sur-tout après l'aveu bien prononcé qu'avait fait madame Daletti de sa tendresse pour son époux, il eût fallu avoir perdu la tête, pour conserver le plus faible espoir de séduire cette femme par les voies ordinaires : aussi est-il vrai que je me retirai avec le projet de ne plus penser à elle.

Ah ! si, presque toujours, la nature m'a donné la constance et la ténacité nécessaires à mes deseins, il est à présumer que, dans l'abandon projeté de madame Daletti, cette même nature, si prodigue envers moi, m'abandonna tout entier à ma faiblesse.

A peine rentré chez moi, l'épouse de mon ami vint se retracer à ma pensée ; les obstacles multiplièrent mes desirs et prêtèrent à la belle une foule de charmes qui n'existaient que dans mon imagination. Sa vertu, qui le croirait! vint encore grossir la masse de mes desirs, au lieu de les éteindre. En effet, combien il est voluptueux de presser sur son cœur une femme qui n'a point encore compté de faiblesses, qui ne cède que parce qu'elle ne peut plus résister ; une femme qui, le cœur gros de remords et l'œil humide de volupté, se cache dans le sein de son amant, parce qu'elle craint de rencontrer des accusateurs ; et dans le jour qui éclaire sa défaite, et dans les regards de celui qui en profite. Je n'appelle de ces vérités qu'à l'homme sensible, qui eut le bonheur d'en faire la douce épreuve.

Malheureusement trop convaincu que la possession de madame Daletti était absolument nécessaire à mon bonheur, et que tous mes efforts pour renoncer à sa personne deviendraient inutiles, je ne pensai plus qu'aux moyens d'arriver au but desiré. Depuis huit jours le champ de la ruse et de l'intrigue était pour moi d'une stérilité désespérante. Tout-à-coup il me vint dans l'idée de mettre à profit la première absence de M. Daletti, en administrant un puissant somnifère à son épouse. Au premier abord, ce projet me révolta ; mais quand j'eus réfléchi qu'il n'en résulterait qu'une légère indisposition pour madame Daletti, et que c'était l'unique moyen de me débarrasser d'une passion violente qui m'obsédait continuellement, je ne balançai plus à suivre mon projet. Je me munis, en conséquence, d'un dormitif, dont l'effet était de procurer six heures d'un assoupissement continuel ; mais sans aucun danger grave pour la personne qui le prendrait. Ce mélange était en poudre, et ne me quittait pas. Je n'attendais que le moment où M. Daletti serait absent pour mettre mon projet à exécution. Six semaines se passèrent, au bout desquelles mon ami fut contraint, pour affaires de famille, d'aller passer quelques jours à San-Fioranso. Tous les jours, après souper, madame Daletti avait l'habitude de prendre le thé. C'était dans la théïère que j'avais projeté de mettre ma poudre soporifique, et ce fut en effet ce que je fis en traversant la cuisine pour aller rendre visite à la dame du logis; car il se passait peu de soirées que je ne la visitasse. La domestique, absente lorsque j'avais mis la poudre daus la théïère, revint et servit le thé: je n'avais garde d'en prendre, quelles que fussent les instances de la maîtresse. Après lui avoir donné le bon soir, je feignis de me retirer; mais comme on ne me reconduisait jamais, je montai droit à la chambre à coucher de madame.

Connaissant parfaitement le logis,

je me cachai fort aisément dans un vide de la bibliothèque qui donnait dans la même chambre. Il y avait à peine une demi-heure que j'y étais, lorsque j'entendis monter madame Daletti. Elle disait à sa suivante : « Je crois, Louisa, que je passerai une bonne nuit, le sommeil m'accable. — Je puis, madame, vous en dire autant ; je tombe malgré moi. — Hé bien ! ma fille, va te coucher ; je me déshabillerai bien sans toi. » Louisa qui, comme je le présumai à l'instant, avait pris aussi du thé, ne se le fit pas dire deux fois, et se retira dans la chambre qu'elle occupait au-dessous de celle de sa maîtresse, qui de son côté fut bientôt au lit, et plongée dans un profond sommeil.

Ce ne furent plus de simples mouvemens de joie que j'éprouvai, alors que je me vis libre de disposer d'une femme qui, pour tout l'or du monde, n'aurait pas volontairement cédé à mes desirs; ce fut un délire, mais un délire porté à tel point, que je tombai machinalement à genou devant un crucifix qui était dans la chambre. Insensé! je n'ignorais pourtant pas que le Dieu des chrétiens punissait d'un suplice éternel, l'action même dont je lui rendais grâce. Mais raisonne-t-on quand on ne s'appartient plus?

Cette époque est une des plus marquante de ma vie. Tout mon être fut ébranlé de la commotion voluptueuse que j'éprouvai; ou ce fut plutôt un délire épileptique, dont il m'est resté dans la suite de visibles traces. En effet, depuis l'heureuse, ou bien mieux fatale nuit, qu'un somnifère me livra madame Daletti, tout en moi fut désordonné dans mes grands accès, soit ceux auxquels la colère ou le plaisir me livrèrent.

Cependant, lorsque mes premiers transports furent un peu calmés, je me glissai dans le lit de ma belle dormeuse. Ah! si cette nuit ne m'eût couté que la moitié des peines qu'elle m'a fait éprouver, jamais, non, jamais, je n'aurais accusé la cruelle épouse de mon ami! Complettement servi par la beauté des formes de ma belle, et par le feu de mon imagination, je fus heureux de tous les plaisirs de la plus énivrante volupté. Profondément assoupie, mais aiguillonnée par des rêves enchanteurs, doux effets de mes baisers, plus d'une fois madame Daletti répondit machinalement à mes caresses. Nous étions dans la belle saison ; je n'ai jamais tant maudit les premiers rayons de la lumière. Non-seulement je perdais une foule de jouissances ; mais le grand jour m'exposait encore à toute la colère d'une femme indignement outragée.

Il eût été facile de sortir sans être aperçu ; ce fut d'abord ma première idée. Mais quand je vins à penser aux voluptés que j'avais senties pendant cette heureuse nuit, je rejetai bien vîte l'idée de m'éclipser sans me faire connaître. Je suis jeune, me dis-je ; mon amante, à son réveil, verra bien, en me sentant à ses côtés, qu'elle ne peut plus me disputer sa personne, que j'ai tout obtenu malgré elle ; peut-être sera-t-elle encore assiégée des doux souvenirs de la nuit. Le mal étant fait et son innocence lui servant d'excuse, la prudence et peut-être même sa jeunesse, lui dicteront de partager l'excès de ma tendresse, et de se prêter à l'avenir aux occasions de nous voir librement.

Il fallait, comme on peut bien le croire, être pétri d'audace et d'intrépidité pour s'exposer au dénouement d'une pareille scène. Néanmoins, par précaution, je rassemblai mes vêtemens auprès de moi. L'aimable dormeuse un moment après poussa un profond soupir, et sortit par gradation de son assoupissement.

Je ne m'étais point abusé en présumant que peut-être il lui resterait un doux souvenir des rêves de la nuit. Encore étourdie d'un sommeil forcé, et me croyant son époux, son premier mouvement fut de se jetter dans mes bras. Ses caresses lui furent vivement rendues. Nous étions l'un et l'autre perdus dans un océan de plaisirs, lorsque plus prompte que l'éclair, et reveillée par le souvenir de l'absence de son époux, madame Daletti, se jetant tout-à-coup à bas du lit, ouvrit entièrement les rideaux. On peut juger de son étonnement, aussitôt qu'elle me reconnut : son premier mouvement fut d'aller mettre les verroux. Ce trait de prudence me surprit ; mais je ne connaissais pas la femme à qui j'avais affaire. Je devais peu de tems après, savoir, à mes dépens, ce qu'elle était ; mais n'anticipons point sur les évènemens.

A peine les verroux furent-ils mis que madame Daletti s'empara de ses vètemens qui étaient sur une bergère, et fut s'habiller dans un cabinet à côté. J'avoue que son silence n'avait rien de satisfaisant; mais le sexe de l'offensée, et sur-tout la prudence que je lui connaissais me rassurèrent entièrement sur les suites de cette affaire. Plutôt vêtu qu'elle, j'attendais avec impatience qu'elle vint me trouver : elle parut. « Monsieur, me dit-elle, en m'offrant un siége, j'ai percé toute la noirceur de votre crime. A l'aide d'un filtre, vous avez obtenu ce qu'au prix de ma vie je ne vous aurais jamais accordé. Je pourrais, vous le savez, venger mon injure et faire tomber sur vous le glaive des lois; mais non, monsieur; le mal est sans remède, et je ne veux point porter la mort dans le cœur d'un époux qui m'adore. Si je suis déshonnorée, ce secret restera entre nous deux ; ou plutôt ma non-complicité me fera oublier cette faute involontaire. Ne craignez aucuns reproches de ma part. Je ne vous demande qu'une seule grâce, c'est de ne plus prétendre, à l'avenir, aux faveurs que vous m'avez dérobées ; c'est de ne jamais ouvrir la bouche pour me parler de votre passion, et de la fatale nuit que vous avez su vous procurer à mes côtés. J'exige encore que vous ne changiez point de conduite à l'égard de mon époux; car je craindrais qu'une retraite absolue de cette maison n'éveillât des soupçons en son cœur. A ce prix seul, Napolione, je vous pardonne ; optez. »

Je ne pouvais concilier autant de sang froid et d'indulgence, avec l'affront cruel que madame Daletti avait reçu. Cependant comme le parti qu'elle adoptait était le plus sage et le plus raisonnable, il ne me vint pas même dans l'idée de la soupçonner de ressentiment. Je voulus d'abord m'excuser sur la violence de ma passion. Elle m'imposa silence, en me disant avec un léger souris : « N'en parlons plus, vous êtes excusé ; allez, et ne péchez plus. » Comme il n'y avait plus d'espoir de l'amener à recevoir de nouvelles preuves de mon amour, je lui promis tout ce qu'elle voulut. Satisfaite de mes sermens, elle me fit descendre par un escalier dérobé, et quelques minutes après, j'étais rentré au logis.

J'avouerai que j'étais ravi de la tournure que cette affaire avait prise. Il faut dire aussi que je n'avais pas perdu tout-à-fait l'espoir de vaincre la rigueur de madame Daletti. J'en agis avec son époux, qui arriva deux jours après, comme s'il ne s'était rien passé entre son épouse et moi. Celle-ci même fut avec moi d'une aisance et d'une gaîté peu communes : seulement je remarquai que sur un reproche de pâleur que lui fit son mari, elle affecta de lui répéter à plusieurs fois, que depuis deux jours, elle avait pris six bains. Mais je n'y attachai pas d'autre importance, sinon que c'était une petite mortification qu'elle me faisait en passant.

Depuis quatre mois je fréquentais assidument la maison. Même procédé de la part de l'époux, même attention du côté de l'épouse. Un jour, je m'en souviens, que j'osais lui rappeler le souvenir des torts que j'avais envers elle. « Allez donc, me dit-elle, vous êtes un enfant; votre silence a tout réparé. » Après une pareille réponse, pouvais-je conserver le moindre soupçon! Hélas! je dormais sur le cratère d'un volcan dont l'éruption seule pouvait me réveiller.

Un soir que j'allai comme à l'ordinaire chez M. Daletti, son épouse me dit: « Votre ami soupe en ville, faites-moi le plaisir de prendre aujourd'hui sa place, et de souper avec moi. »

L'invitation flattait trop mon amour-propre pour être refusée. « Je sais, ajouta l'hôtesse, que vous aimez la morue, aussi je vous en ai fait préparer. » L'espoir et le desir m'avaient mis en appétit; je mangeai comme un ogre. Sur la fin du repas Daletti arriva. Je l'aurais mieux aimé ailleurs; mais, enfin, il fallut se retirer.

Il y avait à peine deux heures que je reposais, lorsque des tiraillemens douloureux dans le bas-ventre me réveillèrent en sursaut. J'appelai du secours. Ma mère, mes sœurs et les domestiques furent bientôt sur pied. Madame Buonaparte, qui m'a toujours tendrement aimé, fit un cri perçant en entrant dans ma chambre. L'excès du mal, comme on me l'a dit après, m'avait totalement décomposé les traits du visage. Un médecin fut appelé; mais, soit qu'il fût un ignorant ou qu'il prît le change sur le genre de ma maladie, il ordonna une potion qui me conduisit un peu moins douloureusement jusqu'au lendemain.

Ma mère avait fait prévenir M. et madame Daletti. Au point du jour, l'un et l'autre furent à mon chevet. L'épouse avait passé dans la ruelle du lit. « Eh bien ! me dit cette femme atroce, avec une pitié feinte, qu'avez-vous donc, cher Napolione ? — Je l'ignore, lui répondis-je, mais je souffre cruellement. » Alors, s'approchant de mon oreille, de manière à n'être entendue que de moi, la cruelle me dit : « Puisque vous ignorez la cause de votre mal, je veux bien vous l'apprendre. Vous m'avez lâchement déshonorée (1), et moi, je vous ai empoisonné. Mon époux est là ;

---

(1) Cette atrocité ne sera pas révoquée en doute, quand on saura que c'est une femme corse qui l'a commise : la vengeance n'est-elle pas la passion favorite de cette nation ?

publiez votre crime, et je publie ma vengeance. » Ensuite elle s'assit en face de mon lit.

Ma première pensée fut de signaler mon bourreau ; mais Daletti était là : je savais combien il aimait l'honneur et son épouse. Je n'ignorais pas qu'aux premiers aveux de cette femme intrépide et féroce, c'en était fait de moi ; et, quoiqu'au sein de ma famille, il m'eût arraché la vie. Je trouvai sur-le-champ un biais qui me sauvait toute explication. Je prévins ma mère que madame Daletti venait de me faire observer que la veille, en soupant chez elle, j'avais mangé seul d'un plat de champignons, et que je pourrais fort bien m'être empoisonné. On courut sans autre explication chez le médecin. Je lui dis, aussitôt qu'il fut arrivé, de ne point affliger ma famille; mais qu'il eût à me traiter comme un homme empoisonné, pour avoir imprudemment mangé dans du cuivre mal étamé. En conséquence de cet avis, donné à l'oreille du docteur, tous les contre-poisons me furent administrés.

Pendant cette scène, la cruelle Daletti me considérait avec une joie barbare. Ses regards affreux semblaient se repaître de mes souffrances. Ah! si j'avais eu, dans le moment, la force comme j'en avais la volonté, elle n'eût pas porté plus loin le châtiment de son forfait; je l'aurais mise en pièces. Croirait-on qu'elle eut l'audace de s'approcher de mon lit avant de me quitter? « Allons, me dit-elle avec un accent piteusement sardonique, du courage;

mon ami, vous êtes jeune, vous pourrez en revenir. »

Son époux voulut me donner la main : « laissez-moi, Monsieur, lui dis-je, j'ai pris du poison à votre table; qui sait si le fait n'était point concerté d'avance? Dans ces tems de trouble et d'anarchie, on peut avoir payé ma mort à votre épouse. »

M. Daletti, nullement instruit de ce qui s'était passé entre son épouse et moi, se préparait à me répondre ; mais je tirai brusquement mes rideaux en ajoutant : « Si j'en relève, n'oubliez pas que je ne vous reverrai de ma vie. » L'un et l'autre furent obligés de sortir.

Quelle que fût la force de mon tempérament, ma convalescence fut longue et pénible. Si le moment de délire que j'éprouvai la première fois que madame Daletti fut en ma possession, avait laissé en moi quelque chose d'enclin à l'épilepsie, les funestes effets du poison achevèrent ce qu'une joie trop vivement sentie n'avait fait qu'ébaucher. Cependant tout considéré, les divers accès de fureur et de vertiges que j'ai manifestés dans le cours de ma vie, m'ont tellement aidé à me faire obéir ou me faire craindre, que j'ai beaucoup moins à me plaindre qu'à me louer de ce vice d'organisation. En effet, combien de fois, et dans le sénat, et dans le corps législatif, et dans mille autres occasions, n'ai-je point, à l'aide de ces mêmes fureurs, retenu le cri du reproche et la voix du raisonnement! Il faut être un bien hardi orateur pour ne point trembler à la voix convulsive d'un maître armé de la foudre.

Depuis quelque tems je commençois à reparaître en public; mon intérêt personnel et celui de mon ambition me faisaient une loi d'oublier le crime de madame Daletti. La seule preuve que je lui donnai de mon juste ressentiment, fut de ne point la voir, elle et son époux. La perfide, cependant, n'était point encore satisfaite. Ne pouvant plus se venger de moi en attentant à ma personne, ce qui l'aurait compromise, elle chercha dans les évènemens politiques les moyens de nuire à tous mes projets.

Sa haine fut constamment active. J'ignore qui lui avait donné le secret de mon ambition; mais, quels que fussent mes projets, je la trouvais toujours sur mes pas et prête à m'opposer des entraves.

Je l'avais outragée, il est vrai; mais sa vengeance n'avait-elle point été complette? Que lui fallait-il de plus? mon sang. Ah! s'il en est ainsi, me dis-je, il faut te prouver que le jeune homme que tu as mis aux portes de la tombe peut te descendre dans le gouffre de l'éternité.

Néanmoins, avant de me porter aux extrémités, je pris sur moi de lui parler et de savoir quel terme elle voulait mettre à sa vengeance. Un jour je la rencontrai dans une société: je m'arrangeai de façon à pouvoir lui parler sans témoin. « Madame, lui dis-je, par excès d'amour je vous ai outragée; vous en avez tiré une cruelle vengeance, vous m'avez empoisonné; j'ai souffert des douleurs inouies, et votre rage n'est point encore satisfaite. Quand cesserez-vous de me nuire ? — Quand tu ne seras plus, me dit-elle : ton sang seul peut effacer mon injure. Donne-toi la mort, j'élève une tombe à ta cendre ; je ne rougirai plus intérieurement. »

Cette réponse me donna sur-le-champ la mesure du caractère atroce de cette femme. Sa férocité fit bouillonner mon sang, et dans l'instant je montai ma haine à la hauteur de la sienne. « Infâme, lui répliquai-je, je te défie maintenant ; tiens, calcule à ce trait quel ennemi tu as ! » Je donnai dans le moment un coup de poing dans un carreau de la croisée : un des morceaux de verre m'ouvrit la paume de la main ; et de cette main dont le sang coulait abondamment, je saisis celle de madame Daletti : « Que ce sang, lui dis-je, répandu sur ta main et tes vêtemens, soit le gage d'une haine éternelle, mais que seule tu as provoquée. »

Au bruit du carreau cassé, plusieurs personnes accoururent : madame Daletti surprise, mais non déconcertée, dit que c'était l'effet d'un accident, et sur-le-champ elle demanda du linge pour me panser; et c'est ce qu'elle fit elle-même. Peu s'en fallut que je ne la repoussasse; mais en pensant que ce pouvait être un retour à de plus doux sentimens, je la laissai faire tout ce qu'elle voulut.

Sitôt qu'elle eut mis le premier appareil, elle me dit tout bas : « Vous voyez mes habits, ils sont couverts de votre sang; eh bien! je n'effacerai point ces taches; je déposerai ces vêtemens dans ma garde-robe; chaque jour je les visiterai; chaque jour ils me retraceront ce que je dois à mon honneur outragé, ce que je dois à mon époux.» A peine eût-elle fini qu'elle disparut. C'en est trop, m'écriai-je, femme implacable, tu ne vieilliras pas sur le sol qui ta vu naître!

La Corse alors était partagée en deux partis. D'un côté étaient les patriotes modérés: la plupart d'entre eux avaient fait leur chemin. Leur fortune et leur réputation étaient faites; donc ils n'avaient plus besoin des évènemens tumultueux: aussi le moindre élan du peuple leur paraissait un crime. A la tête de ce parti étaient Paoli et Pozzo di Borgo.

D'un autre côté on voyait le petit bourgeois, l'artisan et les hommes de campagne. Tous croyaient entrevoir un ordre de choses plus favorable à leurs diverses situations. Ce fut à ce dernier parti que je me dévouai tout entier. Mon premier soin fut de me populariser et d'entretenir l'effervescence de la multitude, en la nourrissant de l'espoir d'un meilleur sort.

De son côté, madame Daletti suivait opiniâtrement sa vengeance envers moi. Elle avait commencé par aigrir son époux : celui-ci abandonna bientôt le parti révolutionnaire qu'il avait embrassé avec moi. Il était devenu l'intime de Pozzo et de Paoli. Ceux-ci, travaillés en tous sens par les insinuations perfides de mon ennemie, me comptaient parmi les personnes les plus à craindre pour la tranquillité publique.

Je n'ignorais rien de ce qui se passait, et m'agitais sourdement pour me préparer une vengeance complette. J'étais parvenu à me faire nommer lieutenant-colonel de la garde nationale. Quelques troubles venaient d'avoir lieu, et Paoli avait fait afficher une défense à tous les citoyens de se réunir désormais, soit en public ou dans des maisons particulières. Une partie de ces affiches furent arrachées dans la nuit. Je fus, il est vrai, extrêmement satisfait de cette action d'éclat, qui prouvait à Paoli le mépris que l'on avait pour ses ordres; mais il n'en est pas moins constant que je n'ai contribué en aucune manière à l'enlèvement des affiches.

Madame Daletti, toujours à l'affût des moyens pour me nuire, fit aussi courir le bruit que c'était moi qui avais fait cet outrage à l'autorité; et quels que fussent mes moyens de défense et mon innocence, Paoli et Pozzo n'en demeurèrent pas moins convaincus que j'étais coupable.

Voyant la calomnie l'emporter sur la justice de ma cause, je résolus de réaliser la moitié des fausses imputations. Ainsi j'organisai cinq à six sociétés populaires. Paoli voulut s'opposer à ces rassemblemens; il ne fut point écouté. Il voulut employer la force; la masse du peuple lui répondit par la force.

J'étais à la tête d'un bataillon opposé aux forces de Paoli. Quelques coups de fusil avaient été tirés de part et d'autre, mais n'avaient blessé personne. Tout-à-coup je projette d'enfoncer mes adversaires, et de semer l'épouvante dans leurs rangs sans leur faire le moindre mal. Ma troupe était placée sur trois hommes d'épaisseur. Afin de masquer ma manœuvre, je prends dans les deux derniers rangs seulement, un nombre d'homme suffisant avec lequel je m'avance vers une petite rue qui coupait toute retraite aux gens de Paoli. J'avais donné l'ordre à chaque homme d'ôter la balle d'une cartouche et de charger à poudre. Le capitaine à qui j'avais laissé le commandement du bataillon, avait l'ordre de faire charger à la bayonnette aussitôt que j'aurais fait ma première décharge. Arrivé au coin de la rue par où je voulais déboucher, je partage mon peloton en trois sections. Je débouche tout-à-coup à la tête de la première, et successivement les deux autres viennent se mettre en bataille à côté. Les gens de Paoli, pris entre deux, ne tardèrent point à se troubler; alors, sans leur donner le tems de se reconnaître, je donne ordre à mes sections de faire feu l'une après l'autre, et je fais battre la charge. Il en fallait moins pour la victoire; en un clin d'œil nos ennemis furent dispersés sans qu'il en coutât une goutte de sang.

Cette manœuvre hardie, prémices heureuses de mes connaissances militaires, devait, j'ose le croire, ouvrir les yeux à Paoli et me mériter l'estime de mes concitoyens. Ce fut, au contraire, ce qui me perdit.

L'implacable Daletti, suivant toujours le même systême de calomnie, sut me faire un crime de la victoire paisible que je venais d'obtenir. Les murs furent couverts d'un affiche dans laquelle on me peignait à mes concitoyens comme un homme dangereux, dont la coupable ambition n'avait d'autre but, que celui d'armer les citoyens les uns contre les autres, et de s'élever ensuite sur leurs débris. Paoli, de son côté, faisait travailler les esprits en tous sens. De brillantes promesses, un abord amical et gracieux, et son ancienne représentation, produisirent l'effet qu'il s'était promis.

Le peuple, canaille versatile et bornée, qui jamais n'a su se dire : « des mots ne sont pas des faits ; » le peuple, dis-je, fut bientôt du parti de ceux que naguère il voulait écraser. En peu de tems je fus contraint de quitter la Corse avec toute ma famille. Si dans le cours de ma vie, j'ai compté quelques jours malheureux, le plus cruel, sans doute, fut celui de mon départ. Madame Daletti eut la cruauté d'assister à mon embarquement. Son front rayonnait d'une joie insolente et féroce. La cruelle, les yeux attachés sur moi, semblait s'enivrer de sa victoire et se repaître de mes tortures ; j'aurais payé de la moitié de mon sang, le droit de la jeter dans un fond de cale. Mais la perfide était à l'abri de ma vengeance, et sa victime fut forcée d'abandonner le sol qui l'avait vue naître.

Si la vengeance satisfaite est un plaisir des dieux, il faut dire aussi que la vengeance que l'on ne peut satisfaire est un supplice infernal. Je rugissais contre madame Daletti, et ses crimes envers moi, m'acharnèrent contre tout son sexe, dans lequel je ne vis plus que des êtres méprisables, mais nécessaires à nos besoins physiques.

Cet excès de ressentiment ne fut point une idée passagère qui s'évanouit avec le tems. Il se fit en moi une métamorphose aussi prompte que durable. Mes principes en amour n'eurent plus rien de commun avec ceux de mes premières années. Depuis cette époque, simple officier, général, consul, et sur le trône, rarement le beau sexe eut beaucoup à se louer de mes manières, Josephine et l'archiduchesse exceptées, et seulement encore sous quelques rapports,

Toutes les femmes que j'ai desirées, que j'ai obtenues, et celles qui m'ont recherché, n'ont jamais, après le moment du plaisir, intéressé une seule fois mon cœur. La belle qui, la minute avant, était dans mes bras, me devenait totalement étrangère le moment d'après ; et si elle eût mérité ma colère, je la lui aurais fait sentir comme à la première venue.

L'amour étant devenu chez moi une fureur purement physique, à laquelle succédait le plus grand calme, l'activité de mon imagination devait nécessairement me créer d'autres plaisirs. En effet, sitôt que le pouvoir fut affermi dans mes mains, je donnai cours à toutes mes sensations amoureuses. Combien de femmes, forcées de céder à ma puissance, et de recevoir mes caresses, ont mouillé de leurs larmes le canapé, témoin et théâtre de leur défaite. Eh hien! les pleurs qui sillonnaient leurs joues, la tristesse qui rembruuissait leur front, étaient pour moi autant de voluptés nouvelles dont je savourais tout le charme. Je prolongeais autant qu'il était en mon pouvoir les scènes de ces demi-viols. Si la belle, timide et tremblante avait encore le préjugé d'une douce pudeur, j'augmentais le désordre de ses vêtemens, je faisais grand jour, je voulais voir et caresser le nu. Ce supplice de la beauté modeste et craintive était une de mes plus attrayantes voluptés. J'aimais à surprendre le soupir de la douleur dans les bras de celles dont je ravissais les premières faveurs.

C'était aussi un bien doux spectacle pour moi, qu'une femme à mes genoux, implorant pour son honneur et sa vertu, me priant de ne rien exiger d'elle, de ne point la forcer à se haïr, à se mépriser. Chaque prière, chaque larme, chaque opposition à mes caresses, étaient un attrait de plus que la belle ajoutait à ses charmes.

Les autres hommes trouvent le plaisir dans des transports partagés; eh bien! moi, dans de certains momens de caprice, je voulais ressentir seul les plaisirs de la volupté. Chaque élan volupteux que je surprenais dans les regards d'une belle, me semblait un vol fait à mes transports; j'aurais desiré qu'elle s'endormît, pour savourer seul le plaisir.

J'ai souvent appris que les Français blâmaient mes manières âpres et dures envers le beau sexe. Delà ils concluaient que j'étais dépourvu d'âme et de délicatesse. Les insensés ! ils ignoraient que cette rudesse était un caractère que le crime le plus atroce et les plus odieuses persécutions, m'avaient fait contracter. Quel homme, entre nous, n'eût point conservé de ressentiment contre les femmes, si, comme moi, l'une d'entre elles l'eût empoisonné, persécuté, trahi, calomnié et fait chasser de son pays natal ? Un Français, je l'avoue, toujours galant, toujours léger, aurait oublié madame Daletti et son crime, ou plutôt il s'en fût vengé en faisant contre elle une belle chanson ; mais, que voulez-vous ! un Corse ne met point ses outrages en vers, il les venge, n'importe comment.

Nous cinglâmes vers Marseille, où ma famille avait résolu de s'établir. Ce pays, vrai foyer de la révolution, m'offrait différens moyens de me faire connaître et de percer la foule. Je me jetai donc avec une ardeur incroyable dans tous les clubs et réunions politiques; tout entier aux intérêts de ma gloire et de mon ambition, je ne partageais peut-être pas une seule des opinions des différens péroreurs que j'applaudissais tour-à-tour. Ce manège n'avait d'autre but que de me faire remarquer des uns et des autres.

Cependant, je ne servais plus dans l'artillerie. Je n'appartenais à aucun corps. J'étais sans fortune, sans recommandation, sans protecteur.

J'étais affecté de ma position ; mais c'était plutôt impatience que découragement.

Sur ces entrefaites, le plaisir de me venger complettement de madame Daletti, vint un moment suspendre mes chagrins passagers.

J'avais fait passer à la convention nationale un mémoire circonstancié de ce qui s'était passé en Corse, pendant que j'y étais. Les détails des injustices commises à mon égard y étaient vivement retracés. Paoli et Pozzo di Borgo, avais-je dit au gouvernement, sont des ennemis jurés de la liberté et de la révolution : l'un et l'autre visent à l'indépendance. Ma cruelle ennemie, madame Daletti, y était représentée comme une intrigante extrèmement dangereuse, non-seulement par sa haine contre le nouvel ordre de choses; mais encore par ses intrigues et l'influence de ses charmes.

Ce mémoire, qui s'accordait parfaitement avec les divers rapports que l'on recevait de l'île de Corse, engagea la convention à lancer un décret qui déclarait traîtres à la patrie, MM. Paoli, Pozzo di Borgo, et leurs adhérens. Des commissaires furent nommés pour aller en Corse mettre ce décret à exécution.

La foudre suspendue sur la tête de mon ennemie, n'aurait point completté ma vengeance, si je n'avais fait connaître la main qui l'avait formée. J'eus l'occasion de voir un des commissaires chargés du décret contre Paoli et les siens, je le chargeai d'un billet pour madame Daletti. Il était ainsi conçu :

« Vous avez lâchement attenté à mes jours ; je vous aurais cependant pardonné, si vous eussiez oublié et l'injure et la vengeance ; mais non, vous m'avez humilié, flétri, calomnié, banni de ma patrie. Vous, qui mîtes à sec la coupe de la vengeance, avez-vous pu croire que jamais je n'approcherais ce vase de mes lèvres. Tu m'as mal connu, Daletti ; l'univers se serait écroulé avant que ton crime ne fût sorti de mon cœur. Un vaisseau m'a emporté de ma terre natale, un bourreau te descendra dans l'éternité. Juge qui de nous deux se connaît mieux en vengeance. »

Paoli, Pozzo, madame Daletti, son époux, Daury, marchand de

draps, et plusieurs autres personnes, instruits de l'arrivée des représentans français, et du décret dont ils étaient porteurs, s'empressèrent de prendre la fuite et de se retirer en Angleterre; cependant, le commissaire français profita d'un voyageur anglais qui était alors en Corse, pour faire remettre à madame Daletti le billet dont je l'avais chargé. Ce fut à Lunéville, lors du traité qui porte son nom, que j'appris qu'en effet elle l'avait reçu à Londres, et que depuis, elle l'avait montré à différentes personnes, en disant que mon âme toute entière était peinte dans ce billet.

Ma vengeance à-peu-près satisfaite, je me livrai tout entier aux soins de me donner un commencement de consistance dans la société.

Néanmoins, rien encore ne souriait à mon espoir. Chaque jour je formais des projets dont le jour suivant me démontrait l'impossibilité, lorsque l'amour, ou plutôt un heureux hasard me fit lier connaissance avec une femme qui, la première, me fraya le chemin de la gloire et de la fortune.

Ma famille avait pris un logement chez M. Clary, négociant à Marseille. En face de notre logis demeurait Charlotte Midelton. Cette demoiselle, âgée alors de vingt-six ans, était née à Saint-Domingue. Sa mère, que depuis quatre ans elle avait perdue, était née Française. Elle avait épousé M. Midelton, Américain, et capitaine d'un vaisseau de sa nation. Cet officier voulant se fixer à Boston, avait vendu tous les biens que son épouse possédait à Saint-Domingue, d'où il l'avait emmenée en Amérique. Après vingt-deux ans de la plus tendre union, il avait perdu cette compagne aussi douce que fidèle. Charlotte, leur unique héritière, avait obtenu de son père qu'elle irait passer quelque tems en France, pour se soustraire aux lieux qui chaque jour lui rappelaient le souvenir de la plus tendre des mères.

M. Midelton, homme de plaisir et marin, avait presque toujours laissé à sa fille une liberté sans bornes. Presque toujours à son bord, il lui était d'ailleurs impossible de la surveiller. Il est vrai qu'une fille telle que Charlotte pouvait de très-bonne heure se passer de guide. Quoique peu favorisés de la fortune, ses parens lui avaient donné une éducation brillante, que le caractère extraordinaire de cette fille avait rendue solide. Une lecture frivole doit être celle des femmes : nées pour être mères de famille, leur savoir doit se borner aux soins du ménage, aux légers travaux de leur sexe. Telle est, et telle doit être l'éducation d'une femme lorsque la nature ne s'est point fait un jeu de l'élever au-dessus de son sexe. Charlotte, née dans un pays libre, avait de bonne heure pensé librement. Les hommes et les choses, les causes et les effets, étaient devenus le sujet de ses méditations. Ce fut d'après les résultats des évènemens, et passés et présens, qu'elle se fit des principes et un jugement dont rarement on aurait pu appeler.

« La sécheresse de mes études, me dit-elle un jour, effaroucherait bien des personnes de mon sexe. Quelques-unes même m'ont déja fait sentir que j'avais tort de m'enterrer ainsi à mon âge. Les pauvrettes ignorent que je trouve dans mes études autant de plaisirs qu'elles en rencontrent dans un bal; les leurs sont plus bruyans, et les miens sont mieux sentis et plus durables. Je ne les blâme point; elles ont leurs jouissances et moi les miennes; les goûts seuls diffèrent. »

Une taille élégante et bien prise, peu de beauté, une tête romaine, un regard plein de feu, des traits mobiles, ingénieux, voici Charlotte. La première fois que je la vis chez M. Clary, je fus frappé de sa conversation : en effet, qui ne l'aurait remarquée? Imaginez-vous une femme qui, parlant bien français, s'exprime rarement comme les autres, même dans le discours familier. Sa phrase, toujours hyperbolique et figurée, dépassait souvent le génie de notre langue, ou elle en brusquait les principes. Concise et sentencieuse, son expression, tout en bravant les règles, n'en frappait pas moins vivement l'auditoire.

J'ai souvent essayé de lui faire sentir la trop forte hardiesse de ses métaphores, et les tours forcés de sa locution. « Vous êtes un routinier, me disait-elle alors; j'ai un million de fois plus de pensées que votre langue n'a de mots et de façons de s'exprimer. Les fautes que vous me reprochez seront des beautés dans un siècle. Du tems des Ronsard on ne connaissait point les beautés de Racine, et vous autres ne connaissez pas les grâces et les charmes que l'usage et les siècles attacheront à votre idiôme. Les langues ne sont fixes que quand on ne les parle plus. »

Je connaissais trop l'inutilité des répliques , pour oser combattre un sentiment qu'elle avait adopté. Je me disais seulement : quelle femme ! quel être ce serait , si l'exaltation , la chaleur de ses idées , et quelquefois le sophisme, ne la jetaient au-delà des convenances reçues !

Le lecteur , prévenu du caractère et du style de mademoiselle Midelton , voudra bien recevoir et son style, et ses locutions , sans m'en imputer les fautes.

Tous les deux extraordinaires , ce

fut un doux plaisir pour nous, de lier connaissance ensemble. J'osai un jour lui demander la permission de lui rendre visite. « Je vous estime, me répondit-elle, qui peut vous empêcher de me visiter ? — Vous êtes seule ?... — Croyez-vous que j'aie besoin d'être observée ? — Je ne veux point dire cela ; mais le public. — Nous ne serions point longtems amis, si les propos du vulgaire devenaient la règle de votre conduite. Je ne brave point l'opinion, mais je n'en suis point esclave ; je ne peux mériter une mauvaise réputation : donc ma conscience est en paix. Venez, monsieur, venez me voir toutes les fois que vos occupations vous le permettront. »

J'étais anéanti, je croyais être le

seul favori de la nature, et je voyais une femme s'asseoir à ma droite.

Depuis un mois je profitais de la permission de voir mademoiselle Midelton; chaque soir, en la quittant, je me disais: « Cette femme a-t-elle connu l'amour? Que pense-t-elle de la volupté? Se donnera-t-elle bientôt un amant, un époux? » Un soir en la quittant, j'osai appuyer un baiser sur ses lèvres; mais je me retirai bien vîte, craignant de l'avoir irritée. Le lendemain, je fus extrêmement satisfait de n'apercevoir dans ses traits aucunes traces de colère. Nous parlâmes de diverses choses; enfin, ne la voyant point toucher la corde que je desirais, j'osai lui demander pardon de ma témérité de la veille. « Je n'avais jamais connu, me dit-elle, l'impression que les lèvres d'un jeune homme pouvaient faire sur les miennes. Si le baiser que vous m'avez donné ne m'avait point émue, je ne vous aurais fait aucuns reproches. L'action m'eût paru naturelle, amicale, et l'effet de l'attraction de deux êtres qui ne sont point nés pour se fuir. Mais il en est autrement ; la saveur et le fluide de votre baiser ont éveillé chez moi les plus douces sensations. Comment voulez-vous que je vous fasse un crime de m'avoir donné la première idée d'un plaisir encore inconnu pour moi ? ce serait renverser l'ordre de la nature ; et quiconque a des droits à ma reconnaissance, ne doit point redouter ma haine. Ma retraite et mes études m'ont constamment éloignée de la société, ou plutôt mes sensations emprisonnées dans quelque coin de mon individu, m'ont laissé ignorer qu'un homme devait tôt ou tard leur rendre la liberté. Si j'en crois l'impression de votre baiser, j'ai perdu, mon cher ami, de bien beaux jours. La masse des plaisirs que je suppose une amante goûter dans les bras de l'homme qu'elle a préféré, me donne la plus haute idée de la divinité. L'homme faible et souffrant, méprisable et méprisé, en proie à des chagrins sans nombre, trouve donc quelquefois une compensation à cette somme de maux. La volupté, si j'en crois l'étincelle d'hier, est peut-être le seul bien réel que l'homme puisse goûter en ce monde. Mon ami, depuis un mois que nous sommes tous les jours à côté l'un de l'autre, pourquoi n'avez-vous jamais agité cette question ? pourquoi n'avez-vous pas éveillé mes desirs? Ingrat, il fallait me faire entendre que votre sexe était nécessaire au mien; nous sommes amis, et depuis un mois nous serions amans. Qui sait si les caresses de l'amour ne développeront pas en moi de nouvelles connaissances? Mon génie est peut-être encore dans les langes; une portion de moi-même, encore inanimée, n'attend peut-être que le signal de la volupté pour prendre le mouvement et la vie.... Buonaparte, je vous aime plus que tous les autres hommes.»

On se ferait difficilement une idée de ma surprise : si c'eût été mes premières amours, si la cruelle Daletti ne m'eût point aigri pour toujours contre son sexe, je serais tombé aux genoux de l'impétueuse

Charlotte ; mais ils étaient passés pour moi ces momens heureux de faiblesse et d'amour ; je raisonnais alors la volupté, et mon tempérament seul lui faisait des sacrifices.

Cependant j'étais stupéfait devant ma bouillante amie ; son regard avait quelque chose d'extraordinaire et d'original. Ce n'était point la pudeur violée de Catulitia, ma première amante ; ce n'était pas la douceur voluptueuse de la tendre Mello : enfin, c'était une toute autre femme que celles que j'avais connues. Elle brûlait, il est vrai, de recevoir les premières leçons du plaisir ; mais son ensemble exprimait plutôt une curiosité physique, qu'un abandon voluptueux ; tout en elle semblait dire : je veux connaître des sensations inconnues pour moi ; tu m'obligeras de me les procurer.

Ces remarques faites rapidement, n'étaient pas de nature à me réfroidir ; elles s'alliaient parfaitement avec le systême que je m'étais fait relativement au beau sexe. Je trouvais au contraire dans le ton décidé de mademoiselle Midelton, tout le piquant et l'originalité d'un caractère que je n'avais vu nulle part. « Femme adorable, lui dis-je, si mon cœur n'a pas réveillé le tien, c'est que je craignais de voir mes vœux repoussés ; maintenant que vos propres desirs me permettent de vous presser contre mon cœur, ah ! venez, venez dans mes bras, que je sois le plus fortuné des hommes ! »

Je tenais alors la main de mon amante ; je l'entraînais doucement vers un lit de repos : elle cédait avec plaisir, et cependant elle tremblait de tous ses membres. Si quelque chose peut prouver que la pudeur est un sentiment naturel à la femme, que ce sentiment n'est point l'effet du préjugé, certes, ce serait l'embarras où se trouvait mademoiselle Midelton, lors même qu'elle allait se donner toute entière à mes caresses.

A peine fûmes-nous sur le canapé, que j'appuyai sur ses lèvres une foule de baisers : mon amie, quoique fortement émue, semblait avoir deviné mon système. On se rappelle que je n'aimais pas voir une belle joindre ses transports aux miens ; hé bien ! Charlotte, presque anéantie sous le poids de mes baisers, en savourait la douceur sans joindre ses caresses aux miennes. La touche de la volupté avait embelli tous ses traits, et sa figure toute romaine avait je ne sais quoi de sublime et d'original. Trop avare d'un plaisir qui avait quelque chose de romanesque, je ne hâtais pas le sacrifice; et quoique brûlant d'amour, je ne voulus point me priver si tôt de la satisfaction d'étudier toutes les sensations de mon amie, étonnée d'un bonheur qu'elle n'avait jamais soupçonné.

Cependant je ne pouvais résister aux torrens de mes desirs : Charlotte fit un cri; elle avait cessé d'être vierge.... L'éclair du plaisir avait lui pour moi; déja calme et tranquille, j'examinai mon amante voluptueusement endormie dans ses sensations. Amour! quelle femme! Si la Vénus de Médicis offre aux regards de l'amateur le corps le plus beau et les formes les mieux modelées, la jeune Midelton pouvait à coup sûr lui être comparée. La vue de tant de beautés réunies eut bientôt ranimé mes desirs, et mon amante reçut de nouveaux baisers même avant d'avoir revu le jour, que le feu de mes premières caresses lui avait ravi. Faibles mortels ! pourquoi nos forces ne sont-elles point en proportion de nos desirs ? Il fallut me reposer.

Charlotte reprit enfin l'usage de ses sens. Fixant alors sur moi ses grands yeux noirs encore humides de volupté, elle semblait vouloir me demander si c'était bien moi qui lui avais procuré tant de plaisir ; cependant elle était calme. « *Mon ami*, me dit-elle, *tu m'as roulée dans les cieux ; j'ai bu des délices.* Tiens,

Buonaparte, je ne le dis qu'à toi, car je n'aime pas lutter contre l'opinion reçue; mais il est impossible que la divinité nous fasse un crime d'une action à laquelle sont attachées de célestes jouissances. S'il a vraiment prononcé anathême contre ces plaisirs illicites, crois-moi, mon ami, la menace n'était que du bout des lèvres et le châtiment ne se réalisera pas. Dans ses menaces même se retrouve le tendre amour qu'il nous porte; car si rien n'arrêtait les sexes, la population serait bientôt éteinte : les mortels, épuisés dans leurs fréquens embrassemens, tariraient bientôt les sources de la création; mais non, Dieu nous a donné les préjugés de la pudeur, préjugés utiles au bonheur de la société comme à celui de l'individu. Je m'étonne seulement qu'un cloître soit une chose possible : en souffrir est un crime atroce ; c'est *torturer la vie ;* c'est priver la créature des plus doux présens du Créateur. Ce n'est point là un sophisme, mon cher ami, c'est une vérité écrite. »

Ces derniers mots, sur lesquels mademoiselle Midelton avait appuyé, comme pour m'en faire sentir la solidité, me donnèrent la mesure de son caractère. Je vis sur-le-champ que cette femme, avec beaucoup d'esprit, raisonnait souvent fort mal, et que ses goûts et ses passions étaient le plus souvent ses seuls guides. J'essayai de l'en faire apercevoir en lui disant seulement qu'une jeune fille destinée à passer sa vie dans un cloître, n'ayant pas les premières notions des plaisirs de l'amour, ignorant totalement la saveur d'un baiser, pouvait n'être point en proie aux tourmens qu'elle lui supposait.

« Il y a deux jours, lui dis-je, souffrais-tu des privations de la volupté ? — Ami, me répondit-elle vivement, quand on raisonne ainsi on est encore bien vulgaire. Je ne connaissais pas l'amour, il est vrai; donc je ne pouvais souffrir de la privation des douceurs qu'il procure : mais est-ce une raison pour justifier le bourreau qui m'en aurait privée ? Celui-là qui te priverait d'un bien légitimement le tien, mais dont tu n'aurais point connaissance, en serait-il moins un fripon ? non, certes; or donc, ma cause est gagnée. » Au feu que mettait Charlotte dans sa réplique, je vis bien qu'elle voulait avoir raison, et je cédai.

Depuis quinze mois je m'enivrais de volupté dans les bras de Midelton ; je croyais la connaître, cette femme extraordinaire : que je me trompais ! Charlotte aimait son amant ; mais Charlotte voulait aussi que son amant fût quelque chose dans la société. Nous étions à la fin de 1793. Je n'avais jamais fait part à mon amie de l'ambition dont j'étais dévoré. Elle connaissait mon peu de fortune, et secrètement elle s'indignait de mon obscurité, et sur-tout du peu de chaleur que je mettais à brusquer les destins et me faire un sort. On peut voir qu'elle me connaissait fort mal. Un soir je crus m'apercevoir qu'elle était soucieuse et même un peu froide à mon égard. J'osai lui demander si, sans le vouloir, je lui avais donné quelq ue sujet de mécontentement. « Sous les rapports de la tendresse, me dit-elle, je n'ai point à me plaindre de mon amant ; mais il n'en est pas de même relativement à sa gloire, à son courage. » On peut juger de mon étonnement à cette réponse. J'allais répliquer ; elle me mit la main sur la bouche, et me tint le discours suivant, discours que je n'ai jamais oublié et qui ne pouvait manquer son but.

« Buonaparte, continua Charlotte, j'ai vingt-six ans ; sans être belle, quelques hommes m'ont adressé leurs vœux : mon cœur n'en a jamais distingué un seul ; non que je les dédaignasse, mais parce qu'aucun d'eux ne m'avait intéressée. Je n'ai peut-être de mon sexe que le nom et les formes ; des études sérieuses et suivies ont agrandi mon âme, ennobli mon individu : chaque jour mes pensées s'éparpillent sur les hommes et sur les choses ; chaque jour, chaque évènement me prouve que les heureux sont les sages.

« Dans le secret de mon cœur, je méprise généralement tous les hommes, excepté ceux que l'industrie, l'audace ou l'intrépidité ont mis à la tête de la classe dans laquelle ils sont nés. Celui-là, de ton sexe, qui, avec des moyens, végète inconnu, est un *lâche;* je le *méprise*. Celui qui *dort dans ses maux*, est un gredin ; je le déteste : et celui-là qui se roule sur la terre et sue pour manger, est un cuistre tout au plus digne de pitié. Ennemie jurée du vulgaire, peux-tu croire que je verrai de bon œil mon amant confondu dans la foule et n'être qu'une parcelle insignifiante de ce ramas d'individus qui marchent, dorment, mangent et meurent. Non, l'amant de Mideltou, le mortel qui reçoit mes caresses doit partager la noblesse de mes sentimens; son âme doit prendre l'ampleur de la mienne. Mon amant dans le bourbier des êtres nuls! cette idée seule me glacerait dans ses bras; je le haïrais. Napoléon, si je t'ai distingué, si j'ai permis à tes lèvres d'humecter les miennes d'un fluide voluptueux, crois-moi, la volupté n'a pas fait seule les frais de ce rapprochement. J'aime à croire que dans ton cœur est le foyer d'une noble ambition. J'ai deviné, dans ton regard dur et perçant, dans ton air quelquefois sombre, souvent sévère et toujours réservé, que tu n'étais point né pour demeurer engouffré dans le vulgaire des mortels.

« J'aime à croire, mon ami, que tu ne démentiras pas ces pressentimens. Napoléon, tu n'as pas de fortune ; au milieu de trente millions de Français, il faut créer la tienne. Que dis-je! une fortune ; ce n'est pas le mot, cher ami ; ce n'est pas de l'or que je desire à mon amant, c'est une réputation, un sort brillant, de l'éclat. Il y a vingt ans, des milliers d'obstacles se fussent trouvés sur ta route ; aujourd'hui la carrière est ouverte, et l'audace, soutenue du génie, peut entrer en lice. Tes premières tentatives ont été, je crois, infructueuses ; eh bien! est-ce une raison pour ne plus rien tenter ? La patience est l'essence de l'ambition. Si tel évènement nous échappe, il faut guetter ceux qui suivent, les enchaîner à nos intérêts, ou *les briser* pour tirer au moins parti de leurs débris.

« Jette un regard sur la France; un seul regard suffit pour en déterminer la position. Vos révolutions ne sont qu'un coup de hache donné aux vieilles tyrannies d'une ancienne cour, et remplacées par des tyrannies partielles et populaires, dont les nombreux moteurs n'ont d'autres vues que leurs seuls intérêts. Ceux d'entr'eux qui seront les plus adroits seront toujours les plus grands selon moi. Maintenant, Buonaparte, pour commencer une carrière dont tu ne connais pas le premier débouché, le point essentiel est de faire du bruit. Jette-toi à corps perdu dans les *clubs*. Ces assemblées, véritables *coquilles* où le bavardage et l'ineptie, l'intrigue et l'audace, la haine et l'ambition se remuent en tous sens ; ces assemblées, dis-je, t'offrent une foule de moyens de te faire connaître. Tu m'as donné les premières leçons d'amour, permets qu'aujourd'hui je te donne les premières notions de l'art d'asservir le vulgaire. Crois en ton amante : elle a *mesuré* les masses vivantes et *déplissé* le cœur humain. Dans le cours de ta vie, quels que soient les lieux, les circonstances et les personnes près desquelles tu débuteras, commence toujours par scruter en silence et les hommes et les choses, non pas pour te plier exactement aux vues des premiers et à l'état des dernières, mais pour fondre le tout dans ton intérêt personnel. La diversité des opinions et leur vagabondage, la fourmillière des partis, et leur absence générale d'un point d'unité, voilà les véritables sources où tu dois puiser ton avancement.

« Dans ces clubs ou tu vas figurer, remarque bien ceux qui pérorent, accole-toi aux propositions hardies, erronées même, si toutefois il faut de grands évènemens pour en réaliser l'exécution; car, ne te le dissimule point, ce n'est qu'au milieu du trouble et des dissentions que, maintenant rien, tu pourras être un jour quelque chose. Si parmi ces orateurs populaires, il en est un qui écrase tous les autres et range la foule de son côté, rapproche-toi de lui, qu'il te compte au nombre de ses amis, mais nuis-lui secrètement, cherche le côté faible de ses raisonnemens, suscitelui des jaloux, prête-lui des vues intéressées, et ne quitte cette tactique qu'autant qu'il ne te paraîtra pas plus redoutable que les autres; rampe quelquefois, mais le plus rarement possible. Une bassesse peut être utile, mais toujours elle avilit son auteur et gonfle d'amour-propre celui pour lequel elle se fait. Fais-toi un style de circonstance, *bref* et sévère, emphatique et sentencieux, *nuagé* et susceptible d'être médité pour être compris. Parle rarement; mais quand il te faudra discourir, que ce soit des foudres et non des mots : les faibles mortels font silence quand les détonations célestes font frémir les cités sur leur sol. Sois faiblement familier avec tes égaux. Que le froncement de tes sourcils trace toujours une certaine distance entre les autres et toi. On ne t'aimera pas sincèrement, mais on te croira supérieur. Près du faible, sois sévère; près du fort, sois grand et délié; trompe les uns et les autres et qu'ils ne s'en aperçoivent pas; donne rarement des éloges; affiche des principes et ne sois esclave d'aucuns. Brûle le code des préjugés, et mets à profit ceux des autres; que la plus petite de tes actions se rapporte à toi; que la société et ses lois, le monde et ses usages, la nature et ses droits, que rien enfin de ce qui existe au physique comme au moral, ne t'arrête quand il s'agira de ta gloire et de ton bonheur.

« L'état militaire auquel, plus jeune, tu t'es destiné, est le seul qui te convienne. La sublimité dans l'art de détruire a fait nos hommes les plus célèbres. Un vainqueur couvert de sang et de poussière sera chanté par tout le monde; et l'homme doux, simple, humain, vit et meurt ignoré. Cela fut et sera toujours. La destruction est de la nature de l'homme, parce qu'il est de sa nature de se reproduire journellement. Maintenant, Buonaparte, que l'épée est l'état qui te convient le mieux, avisons aux moyens de te mettre de nouveau en activité. Tu vas d'abord hanter les sociétés populaires; jouer l'amour de la patrie et toutes les vertus républicaines. Chaud partisan des partis extrêmes, fulmine contre cette portion d'hommes qui toujours penche pour les demi-mesures. On n'a point encore oublié tes débuts en Corse; bientôt tu seras plus connu. Tandis que d'un côté tu ne négligeras rien, je vais écrire à quelqu'un qui s'intéressera vivement à toi, et dont les recommandations t'auront bientôt fait obtenir de l'emploi. »

Pendant le discours de mademoiselle Midelton, j'avais été tout oreilles. Je ne justifierai ni son style, ni la hardiesse de ses expressions : il me suffit de dire que sa façon de penser et ses conseils étaient trop conformes à mes projets sur l'avenir, pour ne point promettre à l'aimable orateur de ne jamais m'écarter des préceptes qu'il venait de me déduire.

La chaleur que mon amante avait mise dans son narré avait répandu sur toute sa personne je ne sais quels charmes peu vulgaires. Ma brûlante imagination m'eût bientôt conseillé de récompenser par des caresses les excellens avis que je venais de recevoir.

Charlotte, encore toute entière aux projets qu'elle méditait sur mon compte, était à moitié conquise, qu'elle ne s'était point encore aperçue de l'attaque. Bientôt ses beaux yeux se fermèrent pour mettre plus silencieusement la coupe du plaisir à sec. A peine remise de sa douce émotion, mon amie me ramena sur le chapitre de mes intérêts, en m'invitant à ne point négliger les occasions de me mettre en évidence. Le commandement était trop de mon goût pour ne point y obtempérer.

Marseille me vit bientôt dans tous ses clubs, plaidant avec chaleur une cause dont je méprisais tous les élémens. Déja les brouillons et les sectateurs les mieux prononcés de la révolution me signalaient avec plaisir, lorsque mademoiselle Midelton me fit connaître M. Salliceti. Celui-ci, charmé d'obliger mon amante, et connaissant parfaitement ma famille, promit de me présenter à Barras, et c'est ce qu'il fit peu de tems après; j'obtins un grade dans l'arme de l'artillerie.

Sur ces entrefaites, le père de Charlotte lui écrivit qu'il partait pour un voyage de long cours. Cette nouvelle lui fit concevoir le projet de me suivre dans les camps. Si c'eût été une autre femme, certes, je n'y aurais point consenti; mais c'était l'intrépide Midelton, c'était une femme qui n'avait que le nom et les formes de son sexe : la manière au surplus dont elle me communiqua son projet suffisait pour m'y faire souscrire.

« Buonaparte, me dit-elle, ton nouveau grade t'appelle aux armées. J'ai formé le projet de t'y suivre, si toutefois tu y consens. Ne crois pas, mon ami, que mes sens et les plaisirs que j'ai trouvés dans tes bras entrent pour rien dans mes projets; le plus léger soupçon de ta part sous ce rapport me serait une injure. Je puis trouver de la suavité dans tes baisers; mais quelle qu'en soit la douceur, jamais je ne lui sacrifierai la gloire de mon amant et l'intérêt de son bonheur. Je veux te suivre sous les habits de ton sexe, non point pour t'amollir, mais bien pour te soutenir de mes conseils, et te consoler des chagrins inséparables d'un commencement d'état.

« O Buonaparte ! si tu remplis tes destinées, si ta fortune se modèle sur les sentimens de ton amante, combien elle s'applaudira du choix de son cœur. Ses charmes, ses beautés les plus voilées sont devenues ton patrimoine ; cet abandon de ma personne est un crime aux yeux de la société, un délit contre les lois de la pudeur. Ah ! mon ami ! que ta célébrité effacera bien vîte à mes yeux ces insensés reproches du préjugé et de la sottise. Tes succès ennobliront mes douces faiblesses. Je m'en ferai gloire ; je les publierai : je dirai à l'univers : Celui-là que vous admirez est mon élève, mon amant, le premier mortel enfin qui ait fait battre mon cœur.... »

Lecteur, je te le demande, qui que tu sois, aurais-tu resisté aux traits brûlans de ce discours ? Si le hasard t'eût donné une pareille amante, aurais-tu refusé de la voir à tes côtés dans la carrière qui s'ouvrait devant toi ? L'amante de Louis XIV, la tendre Lavallière, suivant son auguste amant dans sa campagne de Flandre, n'avait que des caresses et des baisers à lui offrir. Charlotte venait m'offrir des conseils et de douces consolations. La tendresse et la volupté entraînaient la première, l'amour de la gloire et mon intérêt personnel étaient les seuls stimulans de la seconde : aussi les projets de ma bouillante amie furent-ils entièrement approuvés.

Charlotte, bien décidée à me suivre, l'était encore plus à laisser ignorer à tout le monde, et son projet et son travestissement. J'étais informé que l'on me destinait à servir sous les ordres de M. le général Dommartin, qui commandait alors l'artillerie en avant des gorges d'Olioules.

Pour ne laisser aucun soupçon à la famille Clary, ainsi qu'à nos autres connaissances, mademoiselle Midelton feignit d'avoir reçu une lettre de Toulon, où son père l'attendait pour la ramener à Boston. Cette ruse lui réussit parfaitement; et tandis que mon amie était à mes côtés, toutes les personnes qui la connaissaient la croyaient en Amérique. En attendant mon départ qui ne devait pas tarder, ce fut à Grasse où mon amante se réfugia. Je reçus enfin mon brevet, avec l'ordre de rejoindre sur-le-champ le quartier-général en avant d'Olioules. A peine arrivé, j'écrivis à Charlotte qu'elle eût à me rejoindre. Deux jours après, j'en reçus la lettre suivante.

« Mon ami,

« Je suis contrainte de reculer de quatre jours le moment de notre réunion, mes préparatifs n'étant point encore prêts. Emploie ce tems à prévenir le général en chef. Annonce-moi près de lui, comme un jeune homme de tes amis qui desirerait, pour son plaisir et son instruction, faire la campagne près de toi, en qualité de volontaire dans l'arme de l'artillerie. Je n'ai point perdu mon tems depuis que je suis à Grasse, et je te promets que toi seul peut soupçonner et connaître mon sexe. Je suis vêtue en simple aspirant du génie, et de manière à te faire honneur ; je me nomme Dutrenel. N'allez pas oublier, Monsieur, que cette Charlotte qui vous veut tant de bien n'existe plus ; mais qu'en récompense c'est son frère qui désormais sera

Votre plus tendre ami,

DUTRENEL.

Avant le crime affreux de la cruelle Daletti, au reçu d'un pareil billet, j'aurais volé au-devant de son auteur. Hélas ! ils étaient passés ces jours heureux, où tout entier aux caresses de l'amour, je ne voyais dans les femmes que des êtres aimans et sensibles. J'étais attaché, il est vrai, à mademoiselle Midelton ; c'étaient son originalité et mon tempérament qui m'entraînaient près d'elle. La tendresse et l'amour ne pouvaient plus habiter mon cœur. Un cruel souvenir le leur avait fermé.

Cependant le plaisir de voir Charlotte sous les habits de mon sexe, me faisait desirer son retour. J'étais décidé à ne point lui permettre de rester avec moi, si la plus petite chose de son extérieur pouvait faire soupçonner son travestissement : mes craintes étaient inutiles. Charlotte n'était pas une femme à se laisser pénétrer, et le mystère de son sexe lui tenait autant au cœur qu'à moi. J'avais rempli ses vues relativement au général Dommartin. Celui-ci me dit que mon ami pouvait me suivre pendant toute la campagne, et mettre à profit les diverses observations qu'il ferait.

Le jour fixé pour l'arrivée de mon amie, que désormais je nommerai Dutrenel, j'allai à-peu-près à une demi-lieue au-devant d'elle. Une pluie qui survint m'obligea d'entrer dans une auberge. Il y avait environ un quart-d'heure que j'y étais, lorsque la domestique dit à sa maîtresse : « Madame, ce jeune homme demande combien il doit. » Je fis peu d'attention à cette demande ; mais en regardant dans la cour, je vis un jeune homme s'élancer légèrement sur un cheval assez ombrageux. Comme le cavalier me tournait le dos, j'étais loin de prévoir qui c'était : j'avançai seulement sur le seuil de la porte pour le voir passer. Jugez de ma surprise et de ma joie en reconnaissant le jeune Dutrenel, ou plutôt ma courageuse amie ! Descendre de cheval et se jetter à mon col, fut un éclair. Jamais je n'éprouvai de surprise plus complette et plus agréable. Jamais déguisement ne fut plus à l'abri du soupçon. Il faut ajouter aussi que de ma vie je n'avais vu de femme aussi bien sous les habits de mon sexe; je lui en fis mon compliment. M. Dutrenel, lui dis-je en riant, vous êtes un fort bel officier; et si nous allons en garnison, je crains que vous ne fassiez tourner la tête à toutes les belles du pays.

Après l'avoir badiné un moment sur sa bonne mine et sur l'aisance de son maintien, nous rentrâmes dans l'auberge pour aviser à notre conduite à venir , et après être convenus de nos faits, nous prîmes l'un et l'autre le chemin du quartier-général. Dutrenel voulait faire un doigt de toilette avant d'aller se présenter au général; je ne le voulus pas, car il était tellement bien, que je le contraignis à se laisser conduire chez M. Dommartin, qui le reçut avec une affabilité toute particulière. Plusieurs officiers qui étaient là lui firent l'accueil le plus flatteur. La voix mâle et sonore du jeune Dutrenel me rassurait contre l'œil scrutateur de la société dans laquelle je l'introduisais. Enfin, toutes mes craintes étaient dissipées; et puisque mes intérêts et mes devoirs n'en devaient point souffrir, je m'estimais heureux de pouvoir jouir en secret des douceurs de la volupté au sein même des horreurs de la guerre.

Nous étions alors cantonnés. La première nuit que le jeune Dutrenel partagea mon lit, fut une des plus douces de ma vie. Mon amante, vêtue en officier, avait pendant le our aiguillonné mes desirs. Les caresses dont je l'accablai, avaient tout le piquant de l'originalité. Enfin, j'étais heureux autant qu'on pouvait l'être dans ma position.

Il y avait à peine huit jours que Dutrenel était auprès de moi, lorsque nous reçûmes l'ordre de former un camp à trois lieues des gorges d'Olioules. Cette circonstance me fit craindre un moment pour mon compagnon d'armes. La saison commençait à devenir pluvieuse et froide. Des baraques allaient devenir nos seules habitations. Je proposai à Dutrenel de restre dans le village. Il ne me répondit que par un sourire expressif qui m'annonçait un refus. « J'aurais cru, me dit-il, que Buonaparte me rendait plus de justice. A-t-il oublié que son amie n'a de son sexe que les formes et le nom? J'ai promis de ne te point quitter, de veiller sur toi, d'être ton guide et de te communiquer le fruit de mes réflexions, et sur les hommes qui te seront opposés, et sur les divers évènemens auxquels tu vas prendre part. La faiblesse naturelle à mon sexe t'inquiète? Rassure-toi. Charlotte Midelton, fortement constituée, pétrie de courage et de santé, peut aisément braver les fatigues d'une campagne; fatigues que ses moyens pécuniaires et la liberté dont elle jouit, peuvent journellement adoucir : en un mot, Dutrenel ne quittera point Buonaparte. » J'avoue que cette réponse me fit plaisir, et que si mes offres eussent été reçues, Charlotte aurait perdu dans mon opinion ; peut-être même l'aurais je forcée à se retirer.

Le lendemain, nous campâmes. Un canonier, payé par Dutrenel, qui le prit ensuite à notre service, construisit pour nous deux une baraque qui bientôt fut témoin de nos douces folies. Un bon matelas, une excellente couverture, un large drap, composaient notre coucher. En cas d'alerte ou d'un départ subit, notre domestique était chargé de rouler tout cela dans une toile cirée, et de le mettre sur une voiture de bagages.

La plume et l'édredon n'ont pas

toujours composé le trône de la volupté. Une imagination brûlante, de nombreux desirs, de la jeunesse, une brillante santé, trouvent un lit à l'amour sur un gazon, sur un tertre, sur des pierres même. Ah! combien nos embrassemens avaient de charmes, lorsque pressant ma courageuse amante sur mon cœur, les vents déchaînés balançaient notre baraque! L'image d'une sentinelle isolée en plein champ, en proie aux injures de l'air, et sur-tout privée depuis longtems des caresses de l'amour; cette image, dis-je, venait involontairement s'offrir à ma pensée, et soudain je la comparais au bonheur dont toutes les nuits je m'abreuvais. Alors des baisers sans nombre couvraient le sein de ma compagne.

Cependant la guerre se continuait sur tous les points. Nous étions au commencement d'octobre 1793. Dans plusieurs affaires de postes, le jeune Dutrenel avait voulu m'accompagner : « Mon ami, m'avait-il dit, j'ai besoin de me familiariser avec les détonations du salpêtre ; laisse-moi doucement faire mes épreuves. » Enfin, le 8 octobre, un corps de rebelles, réuni à des troupes anglaises et quelques Espagnols, entreprirent de forcer les gorges d'Olioules. L'affaire fut chaude, et l'artillerie ne cessa point de tirer. Je dirigeais une batterie, et Dutrenel était à ma droite. Aux premières décharges, je le vis pâlir et prêt à tomber. « Quoi ! mon ami, lui dis-je, en lui prenant la main, tu pâlis ! tu te meurs ! » L'étincelle électrique est moins prompte dans ses résultats. Ces seuls mots rappelèrent mon ami à la vie. Il rougit en s'appuyant sur mon épaule, et me dit : « Ce n'est rien, c'est un tribut payé à la nature ; je n'ai pu m'en défendre. » En effet, ce fut la seule fois, dans les campagnes qu'il a suivies, que je l'ai vu pâlir. Cependant, l'ennemi pressé de toutes parts, fut obligé de renoncer à ses projets et de nous laisser le champ de bataille.

Cette affaire devait influer sur mon sort. Le général d'artillerie Dommartin venait d'être grièvement blessé d'un coup de feu. Cet évènement, joint à l'absence du général Dutheil, commença ma fortune. Comme plus ancien officier, le commandement me fut déféré, et je fus promus au grade de chef de bataillon. Un tel grade, dans l'arme de l'artillerie, n'est pas à dédaigner : aussi, ma satisfaction fut extrême, quoique dérobée à tous les regards.

Ma joie était grande ; mais ce n'était rien comparativement à celle de mon amie. Femme ambitieuse et tendre, elle s'associait à ma gloire, et l'on eût dit qu'elle avait une part dans ma promotion. Depuis que je la connaissais, quoique tendrement aimé, jamais elle ne m'avait donné la première un baiser ; soit complexion, soit caprice, jamais une caresse de sa part n'avait devancé les miennes : aussi, je ne fus pas peu surpris, lorsque la première nuit de ma promotion, je la sentis me ceindre de ses deux bras et me donner un baiser. « O ! mon jeune ami, me dit-elle, après ses premiers embrassemens, j'ai donç la satisfaction de te voir percer les rangs obscurs de la société. A peine au printems de la vie, déja tu commandes à des milliers d'hommes, qui ne sont plus tes égaux; déja ton bras dirige la foudre sur des troupeaux d'êtres vivans, dont les neuf dixièmes ne savent pas qu'ils se font tuer pour une poignée d'intrigans qui les méprisent avec raison. Oui, cher Buonaparte, tu seras digne de mes espérances; j'ai même un pressentiment que tu les dépasseras. »

Lecteur qui me connais, univers à qui plus tard j'ai donné des lois, dites-moi si cette femme ne fut point faite exprès pour moi? Oui! dans le même moule où la nature forma cette femme extraordinaire, Napoléon Buonaparte fut jeté peu d'annécs après : le moule n'en fut point brisé; l'architecte y ajouta quelque chose, et je naquis. Si j'avais été homme à me désister du systême que je m'étais fait envers le sexe, j'aurais tendrement idolâtré mademoiselle Midelton. Cependant, elle m'était chère; et combien dans la suite me le devint-elle d'avantage !

Le général Dugommier commandait alors en chef devant Toulon. Ma division en reçut l'ordre de se réunir à l'armée de siége. Tour-à-tour je manœuvrai près des forts Lamalgue, Marguerite et Malbosquet. Un jour je canonnais vivement ces forts; mais avec assez peu de succès. Dutrenel, qui ne me quittait plus, s'aperçut qu'une batterie qu'on éleverait sur un point qu'elle me désigna, commanderait non-seulement le fort Lamalgue, mais encore le mettrait à découvert, et balayerait nécessairement tout ce qui le défendrait.

Cette observation me parut dépasser les moyens de mon amie ; cependant, pour lui complaire, je me portai sur le terrain. Quel fut mon étonnement, de voir que Dutrenel avait raison ! Je fus péniblement affecté de n'avoir pas eu le premier cette idée. L'humiliation d'être devancé par une femme dans un coup aussi décisif, me gagnait malgré moi. Cette femme était pourtant mon amante ; le secret en serait éternellement gardé, et cependant j'étais jaloux : à cette époque, je l'aurais été de Dieu même. Cependant, je dissimulai mon dépit passager, pour mettre à profit l'avis que je venais de recevoir.

Les représentans du peuple Barras et Fréron, alors délégués près l'armée, voyant remuer de la terre, demandèrent ce qu'on faisait-là. C'est, répondit un de mes lieutenans, une nouvelle batterie que l'on construit. Après avoir examiné les lieux, les représentans prononcèrent que cette batterie était inutile, et qu'on eût à cesser le travail.

Dutrenel qui était alors près de moi, me dit tout bas : « Ces gens veulent faire les connaisseurs ; mon ami, brusque-les, soutiens ton opinion ; le succès est certain, tu te couvriras de gloire ». Cet avis entrait assez dans mon caractère : aussi fut-il suivi. « Citoyens, dis-je aux délégués, faites votre métier de représentans, et laissez-moi faire le mien d'artilleur. Cette batterie sera construite, et je réponds de son succès sur ma tête. »

Le ton un peu décidé de ma réponse ne fâcha point les représentans; ils cédèrent, et la batterie fut élevée. Le lendemain, j'en fis l'essai, et le succès dépassa mes espérances. Successivement, les trois forts furent emportés, et les mêmes députés que j'avais brusqués la veille, témoins de mon audace et de mon intelligence, me nommèrent chef de brigade. C'est alors que, réfléchissant au présent que le ciel m'avait fait dans la personne de mademoiselle Midelton, je rougis intérieurement du petit mouvement de jalousie que m'avait donné son précieux avis.

Mon nouveau grade accrut la joie de mon amante. « Cher Buonaparte, me dit-elle, c'est aujourd'hui que tu dois réfléchir sur le grand art d'enchaîner la fortune et les hommes. Si, faible et craintif comme la foule, tu n'eusses point répondu avec hardiesse aux représentans, la batterie n'eût point existé, les forts ne seraient point enlevés et tu ne serais point général. Il pouvait y avoir des dangers à s'exprimer comme tu l'as fait; mais quiconque aspire à se faire un sort brillant, ne le mérite pas s'il craint de s'exposer pour l'obtenir.

« Maintenant, mon ami, permets-moi de te soumettre le fruit des observations que j'ai faites depuis que je suis près de toi. Ces objets, je le sais, ne sont point de mon sexe; cependant je veux, pour ton intérêt seulement, te tracer un tableau rapide de la position militaire des armées qui t'environnent ; toi seul peut n'être point étonné d'entendre une femme raisonner sur l'art des guerriers ; cela te fait honneur, et prouve que mon amant foule aux pieds les idées ou plutôt les erreurs reçues, pour ne s'en tenir qu'aux effets et à l'expérience : quelle que soit la main qui construit, qu'importe si l'édifice sort de terre. Plus libre que toi, mon ami, j'ai depuis deux mois etudié ce qui nous environne, je n'en suis point satisfaite. Officiers et soldats, généraux et représentans, rien, en un mot, ne me présente un point de réunion fixe. Des représentans, hommes de cabinet, diplomates si l'on veut, se trouvent déplacés ici ; des opérations militaires sont un sol dont ils ignorent la culture : ils ne s'avouent point cette vérité, et voilà le mal; quelques notions théoriques, et sur-tout l'autorité dont ils sont revêtus, leur paraissent plus que suffisans pour donner des lois à de vieux guerriers uniquement militaires et bercés dans leur état. Les généraux, les officiers supérieurs, sont indignés de se voir conduits par des hommes nés pour la tribune, et non pour conduire un siége. Il en résulte que les opérations s'exécutent lentement et difficilement, et souvent manquent leur but. Les officiers aussi, depuis le simple sous-lieutenant jusqu'au général, ne me présentent point cet esprit d'unité si nécessaire aux succès des entreprises. Les uns et les autres, jaloux de s'avancer, détestent celui qui s'avance. Dans les conseils, les généraux entendent-ils un d'entre eux donner un avis lumineux, une idée dont l'exécution peut avoir de glorieux résultats, aussitôt un essaim de jaloux se lève contre le projet, et le combat; le nombre l'emporte, et l'entreprise est au néant. Et pourquoi écarte-t-on un projet utile? pourquoi? parce qu'il aurait couvert de gloire celui qui en était l'auteur, et que l'état l'en aurait récompensé par un plus haut grade. Aussi je me suis aperçue que les généraux ont mal calculé leurs moyens d'attaque. Ces combats partiels, ces affaires d'avant-postes, ces demi-sorties des retranchemens, ces attaques isolées, ces canonnades par saccade; tout cela, dis-je, ne vaut rien, ne décide rien, consomme des munitions, fait tuer des hommes et traîne le siége en longueur. Si sur-le-champ on ne change de systême, je t'assure que Toulon tiendra encore longtems. Maintenant que ton grade t'appelle aux conseils, saisis l'occasion de prouver à tes compagnons d'armes, que tu sais autre chose que diriger une batterie. Je t'ai livré la matière, maintenant, metslà en œuvre. Plus instruit que moi..... »

Je ne la laissai pas continuer. Frappé de la justesse de ses réflexions, je la priai de me rédiger un mémoire dans le sens des observations qu'elle avait faites; bien résolu d'en faire usage au premier conseil où je serais appelé: deux jours après, le mémoire me fut remis. Il était précis, correct, et fort de raisons ; le résumé en était un nouveau plan d'attaque pour la réduction de Toulon. Si je n'avais parfaitement connu mon amante, si seulement un jour je m'étais éloigné d'elle, j'aurais parié ma tête que le mémoire n'était point d'elle ; j'aurais soutenu qu'un homme, qu'un militaire consommé s'était servi d'elle pour exposer le fruit de ses observations.

Il existe certainement une grande distance entre les jeux de l'amour et l'art des combats. Cependant la même bouche qui venait de raisonner les opérations du meurtre et de la destruction, la même bouche m'offrait encore une source immense de baisers voluptueux. Etrange contraste ! Buonaparte seul devait te connaître.

Depuis huit jours j'avais meublé ma mémoire de l'excellent écrit de mon amie ; chaque mot, chaque phrase m'étaient présens, lorsque le 26 décembre, le général en chef Dugommier assembla un conseil de guerre où je fus appelé. Je n'avais alors que vingt-quatre ans ; il s'agissait d'émettre son opinion sur les moyens à employer pour accélérer la réduction de Toulon. Presque tous les avis furent différens, et tous s'éloignaient également du but. J'avais laissé parler tout le monde ; le général Dugommier, étonné de mon silence, me pria de donner mon avis. C'était là où je l'attendais. Je commençai d'abord par poser en principe que, jusqu'à ce jour, on s'était trompé dans les moyens de réduire la place. Un tel début me valut un sourire de pitié de la moitié de l'assemblée ; me rejetant alors sur le mémoire que je savais par cœur, et que je feignais d'improviser; j'exposai mes motifs avec tant de précision, de chaleur et d'énergie, j'insistai si fortement pour une attaque générale, que toutes les voix furent en ma faveur, et mes propositions adoptées. Ce succès me valut une victoire pour ma réputation. En sortant du conseil, je volai dans les bras de ma savante maîtresse; mon triomphe, son véritable ouvrage, semblait avoir empreint ses traits de ce que la beauté a de plus séduisant. Mon ambition momentanément satisfaite, et mes espérances agrandies, en avaient fait à mes yeux un ange de volupté. Ce n'était plus du sang qui coulait dans mes veines; et la nuit qui suivit ce triomphe de la vanité et de l'ambition, fut vraiment une orgie amoureuse.

Mon but principal en écrivant cet ouvrage, est de retracer mes amours secrettes. On ne doit donc pas s'attendre à trouver ici le récit des siéges et des combats; si j'en parle en quelques endroits, c'est qu'ils sont nécessaires au développement des faits, où mes amantes ont pris part.

Toulon fut pris : tout le monde connaît ce fait. Peu de jours après la prise de cette ville, mademoiselle Midelton reçut une lettre de son père, qui la lui avait adressée à Grasse, où elle lui avait écrit qu'elle demeurait pour cause de santé; mais en partant pour me rejoindre, elle avait laissé l'ordre au bureau des postes de Grasse de lui faire passer ses lettres à Ollioules, poste restante, et ce fut dans un voyage qu'elle fit dans cette petite ville qu'elle trouva celle dont il est question. Son père lui écrivait de Brest qu'elle eût à le rejoindre sur-le-champ ; que son projet était de la conduire à Boston, où sa présence lui devenait nécessaire.

Cette lettre fut un coup de foudre pour moi : il me semblait que la moitié de mon génie allait me quitter. Ce n'était point une amante que je craignais de perdre ; c'était une femme dont la possession était devenue nécessaire à mon tempérament ; c'était un guide éclairé, sage, audacieux, connaissant bien les hommes et les choses, et dont les avis avaient commencé ma fortune et pouvaient un jour la couronner. Il me fut impossible de lui déguiser mon chagrin. Elle s'en aperçut et me dit : « Mon départ t'afflige, mon ami ; je suis sensible à cette preuve de ton amitié, elle me donne la conviction que je te suis chère ; cependant il faut que je te quitte. J'adore mon père, je le connais ; et si je ne me rendais sur-le-champ auprès de lui, il est homme à venir me chercher ici : peut-être ne me découvrirait-il pas ; mais je n'en veux point courir les risques. Cher Buónaparte, ne crois pas que ton amante te dit un éternel adieu. Mon père, ami des voyages et des courses sur mer, ne restera pas longtems casanier. Au surplus, je feindrai que l'air de Boston m'est contraire ; il m'aime et bientôt j'aurai obtenu la liberté de repasser en France. Je t'écrirai toutes les fois que j'en trouverai l'occasion.

Mes lettres ne seront point toutes à l'amour ; les intérêts de ta gloire y seront traités plus d'une fois, car j'ai bien des choses encore à te dire. Arrivée à Boston, d'excellens auteurs, de profondes réflexions me mettront à même de t'être utile en dépit des distances. »

Quelque solides que fussent les raisons de mon amie, les regrets que m'inspirait sa perte n'en furent pas moins vifs : cependant je pris sur moi de les lui déguiser ; car, je l'avoue, j'étais honteux de ma faiblesse, quoique mes regrets fussent plutôt ceux de mon ambition que d'un parfait attachement. Outre cela, mon amour-propre était piqué de lui voir préférer son père à moi. Enfin elle partit, non sans nous être donné bien des preuves d'amitié.

A peine l'avais-je perdue de vue que je me trouvai dans un vide immense : de secrets pressentimens vinrent m'assaillir malgré moi ; il me semblait que la fortune m'avait abandonné, et que des jours de deuil allaient succéder à mes jours de gloire et de bonheur. Ces lugubres pressentimens, hélas ! ne se réalisèrent que trop.

Peu de tems après le départ de mademoiselle Midelton, je reçus l'ordre de me rendre à Nice. A cette époque, une importante réaction avait eu lieu dans le gouvernement ; les chauds partisans de la révolution, désignés sous le nom de *terroristes*, avaient eu le dessous. L'ex-conventionnel Beffroy me fit arrêter, me croyant un jacobin outré : mes papiers furent visités avec une rigueur qui prouvait l'acharnement de mes ennemis ; mais on ne trouva rien qui pût me compromettre. On voulut ensuite me faire sortir de mon corps pour me faire entrer dans l'infanterie. Une pareille injustice me révoltait ; c'était l'affront le plus sanglant que l'on pouvait faire. Ah ! que de bon cœur j'aurais de mes propres mains déchiré les lâches scélérats qui me persécutaient ainsi ! Je me rendis à Paris pour réclamer contre mes oppresseurs. Hé bien ! qui le croirait? Un certain Aubry, qui était alors à la tête de la partie militaire au comité de salut public, ne voulut rien m'accorder, malgré la justice de mes réclamations : le souvenir seul m'en fait mugir de rage. Quoi ! un Aubry, parcelle inconnue du monde entier, un Aubry a repoussé de son antichambre celui qui devait un jour planter ses oriflammes sur les premières capitales de l'Europe, faire et défaire des rois, étonner l'univers et lui donner des lois! De pareils faits sont incroyables, et cependant ils ont existé.

C'est alors que les conseils de l'intrépide Charlotte m'eussent été nécessaires. C'est en réfléchissant à son absence que le hasard me conduisit chez M. Tylly, l'un de mes amis et qui m'a souvent rendu service. Il me renouvela ses offres de s'intéresser à mon sort, de concert avec M. Fauvelet de Bourienne. J'avais fait la connaissance d'un jeune Anglais nommé Blinkam; j'allai lui faire part de mes chagrins. Il me conseilla de fuir mon ingrate patrie et de me retirer en Turquie. Cet avis fut un trait de lumière; cette expatriation convenait à mon caractère et à ma position. Sans perdre de tems je me rendis chez ce même Aubry, solliciter la permission de me retirer à Constantinople. Ma demande me fut encore refusée : ce fut un coup de foudre; j'étais désespéré.

Cependant, faisant un prompt retour sur moi-même, je me rappelai qui j'étais, ce que je pouvais être un jour. M'armant alors d'un courage plus grand que mes infortunes, je jurai d'écraser mes ennemis; j'éprouvai même un certain plaisir à lutter contre le sort. Cependant si la permission de me retirer à Constantinople ne m'eût pas été refusée, c'en était fait; je partais, je disais adieu aux peuples qui, plus tard, m'ont laissé ceindre le diadême de leurs antiques rois ; je donnais aux enfans de Mahomet un nouveau maître et d'autres lois.

En rentrant chez moi, je trouvai un billet de M. de Bourienne : il m'invitait à prendre patience ; qu'on allait vivement solliciter pour moi, et que sous peu j'obtiendrais un commandement. Ce billet fit couler dans mon sang le baume de l'espérance, et l'amour voulut bien encore se charger d'embellir les instans de mon inactivité.

Je demeurais alors rue des Fossés-Montmartre, dans un hôtel garni, tenu par un sieur Grégoire. Mes fonds commençaient à s'épuiser, et de mes nombreux chagrins, celui-là n'était pas le moindre. Obtenir promptement du service était le seul moyen de me tirer d'embarras. Je fréquentais souvent M. Fouquet, agent d'affaires, et mon ami. Un jour il m'entraîne aux Français; il y avait foule. Dans la loge où nous étions, j'occupais une place sur le devant. Derrière moi était une jeune personne; je la priai d'accepter ma place, où elle serait infiniment plus à son aise. Cette politesse de ma part me valut, après le spectacle, la permission de la reconduire, et ensuite celle de lui rendre visite. Solange Cassin, c'était son nom, demeurait rue de la Sourdière. Il y avait trois mois qu'elle avait perdu sa mère. Elle peignait la miniature, et n'avait, pour subsister, que ses talens. Sans être belle, elle était piquante; mais ce qui donnait le plus de prix à sa personne, c'était une douceur enfantine, une sensibilité au-delà de toute expression. Elle devint bientôt l'objet de mes desirs; vainement je la sollicitais de faire mon bonheur, je n'obtenais rien. L'innocente ne me comprenait pas. Enfin, un jour que, brûlée de mes caresses, je l'avais mise dans un état difficile à décrire, je brusquai l'évènement, et fus complètement heureux. Elle était adorable après sa première défaite; c'était un mélange d'étonnement, de douceur, et même d'un peu de niaiserie. Elle avait dix-huit ans alors; sa candeur, sa franchise et l'amour que je lui avais inspiré, me donnèrent l'idée d'un plan qui convenait parfaitement à mes intérêts pécuniaires et à ma position.

« Solange, lui dis-je un jour, si tu m'aimes, prouve-le-moi. Dans ce cabinet qui tient à ta chambre, permets-moi d'apporter un lit, et d'y rester jusqu'à ce que j'aie obtenu l'emploi que je sollicite. L'hôtel que j'habite coûte trop cher, et j'ai besoin d'être économe. » Solange qui m'aimait, Solange, véritable enfant sans volonté, connaissant peu les convenances, ne pouvait refuser ma demande, et même, avant de la lui faire, j'étais sûr du succès. Le même jour mon lit fut dressé dans son cabinet. On peut croire que, pendant le tems que j'ai resté chez elle, mon lit fut toujours désert. Si les travaux de Solange ne pouvaient pas l'enrichir, au moins pouvait-elle vivre dans une honnête médiocrité. On pouvait nous comparer à deux jeunes ouvriers, vivant ensemble, et se cotisant l'un et l'autre pour les dépenses domestiques. Sous les rapports du plaisir, la rencontre de mademoiselle Cassiu était une bonne fortune pour moi ; mais je trouvais encore avec elle l'avantage de vivre huit jours avec la somme que je dépensais en un jour avant de la connaître : avantage précieux dans la position où j'étais.

Lecteur superficiel, si tu crois que je pouvais passer ces détails, arrête; tu te trompes, réfléchis. Quel tableau frappant des volontés célestes! L'empereur des Français, roi d'Italie, protecteur de la confédération du Rhin, médiateur de la Suisse, celui qui créa les royaumes de Saxe, de Wurtemberg, de Westphalie, de Hollande et de Bavière, qui plaça son beau-frère et son frère, l'un sur le trône de Naples, et l'autre sur celui de toutes les Espagnes ; celui qui fit trembler l'Europe ; cet homme, dis-je, unique dans les annales du monde, faisant pot-au-feu avec une petite grisette dans une chambre au troisième, n'est-il pas le tableau le plus énergique de l'inconstance du destin, et ces légers détails de sa vie ne sont-ils pas une source immense de réflexions?

Français, si cet ouvrage où mon cœur se déploie tout entier, t'amuse quelquefois, j'en serai satisfait ; mais n'oublie pas qu'il ne fut point écrit dans cette vue : ton instruction en fut le premier motif. Quel homme a plus de droits à te former que moi? quel homme peut en avoir plus l'espoir? Cire flexible dans les mains d'un habile homme, j'ai fait de toi ce que j'ai voulu ; tes trésors, tes volontés et tes enfans ont été pendant quinze ans mon patrimoine. T'apprendre maintenant à connaître à qui tu donnes est un des plus grands services qu'un mortel puisse te rendre; et ce service, tu le trouveras à chaque page de cet ouvrage, si tu le lis attentivement. Si j'étais un homme ordinaire, il est dans cet ouvrage bien des détails oiseux; mais quand il s'agit d'un être auquel rien n'est à comparer, tout ce qu'on en sait est précieux, et la moindre omission est un vol fait à la société ou à la curiosité publique; curiosité on ne peut plus naturelle: c'est pourquoi aussi je continuerai mes détails. Si j'avais été un simple peintre de portraits, comme mademoiselle Cassin; si une douce médiocrité eût été le but de mes vœux, mon sort eût été rempli; je trouvais dans Solange une épouse jeune et jolie, une compagne douce, sensible, laborieuse, économe et douée de talens lucratifs. Mais non; le dieu de l'ambition m'appelait dans la carrière des évènemens, et je brûlais de m'y lancer.

Depuis trois mois, auprès de ma jeune compagne, j'attendais que les promesses de M. de Bourienne se réalisassent. Déja je désespérais d'obtenir de l'emploi, lorsque je reçus l'ordre de me rendre chez le ministre. Là j'appris que j'avais été promu au commandement de l'artillerie en Hollande. Je portai cette heureuse nouvelle à Solange. Ma joie était un délire; mon amie, d'une douceur angélique et d'une simplicité sans égale, partageait franchement mon ivresse, sans réfléchir que mon nouveau grade allait lui ravir son amant:

mais telle était la jeune Cassin, que, née avec des passions douces; elle n'était qu'aux évènemens présens, sans penser à l'avenir.

Je lui annonçai néanmoins que j'étais obligé de changer de logement. La pauvrette fut un moment émue, et finit par me demander si je ne viendrais pas la voir quelquefois. Je lui en donnai l'assurance, et nous nous quittâmes comme deux vrais amis : seulement je surpris quelques larmes dans ses yeux.

Pourvu du commandement de l'artillerie en Hollande, j'avais déja fait mes préparatifs de départ, lorsque de nouveaux évènemens me portèrent avec la rapidité de l'éclair aux premiers emplois militaires.

Le 13 vendémiaire arriva. Tout le monde connaît les résultats de cette journée, funeste pour quelques-uns, et bien mémorable pour moi. Si les sermens étaient de sûrs garans de la vérité, je ferais les plus horribles que, dans cette journée, je n'ai point eu envers les Français la centième partie des torts que d'ingrats écrivains ont bien voulu me prêter. Quoiqu'appelé subitement par Barras au commandement des troupes destinées à défendre l'Assemblée nationale, je n'en avais pas moins formé le projet de faire servir les détails de cette journée à mon avancement. J'appartenais si peu à aucun des deux partis, que je balançai longtems à me décider à servir ou l'assemblée, ou les sections. Ce fut dans la balance de mon intérêt personnel que je pesai laquelle des deux factions m'offrait le plus de chances heureuses. La convention fit pencher le plateau de son côté, et je devins son défenseur.

Combien je m'applaudis des résultats de cette journée! Avec quel mépris je regardai les flateurs qui osaient en faire honneur à Barras, lui qui, sous prétexte d'y commander, n'avait absolument fait qu'exécuter mes ordres. Il le savait bien lui-même, puisque, pour s'assurer de mon silence, il devint mon plus zélé protecteur; et c'est pourquoi je n'ai jamais été aussi ingrat envers lui qu'on veut bien le croire.

Le soleil de la faveur qui commençait à plomber sur moi, m'entoura bientôt d'une foule d'amis, dont les noms m'étaient la plupart absolument inconnus; je les traitai néanmoins suivant ce que je pouvais en espérer ou en craindre.

Au milieu de mon triomphe, je n'oubliai point ma jeune amie, l'aimable Solange. Ce fut pour moi un bien doux plaisir de lui montrer son amant radieux de gloire et d'espérance. Cette jeune fille, simple et sans ambition, me reçut comme elle l'avait fait cinq mois avant, que je lui avais demandé la permission de partager son modeste logis. La fortune ne m'avait pas changé à ses yeux. Une franchise aussi simple et un désintéressement pareil me la rendirent plus chère. « Maintenant, mon amie, lui dis-je, que la fortune me sourit, serais-tu satisfaite si je te faisais du bien? — Si tu le peux, mon ami, répondit-elle, j'en serai plus heureuse. Je travaillerai moins à la hâte.» Une réponse aussi peu ambitieuse lui valut une foule de baisers, et la promesse de ne la point oublier. En effet, le lendemain je lui fis meubler une assez jolie chambre, rue de Grenelle. Cette même jeune fille est une preuve irrécusable que mes ennemis en ont imposé, lorsqu'ils avancèrent que j'étais naturellement ingrat. Je ne bornai point là mes bienfaits envers la jeune Cassin, car, cinq ou six ans après, je la mariai à l'un de mes adjudans-généraux. Elle est aujourd'hui grande dame, bonne épouse, et la plus tendre des mères.

Me voici donc arrivé à l'une des grandes époques de ma vie, je veux dire à mon mariage avec madame de Beauharnais.

Barras n'ignorait pas que je n'avais que la cape et l'épée. Il me destinait au commandement de l'armée d'Italie ; mais il voulait qu'un général en chef de sa façon eût au moins une consistance dans le monde.

« Buonaparte, me dit-il un jour, vous avez des connaissances militaires, je le sais ; mais ce n'est point assez, mon ami, il vous faut encore de la fortune, et pour obtenir ce dernier point, il faut faire un bon mariage. Tenez, je veux vous faire épouser une femme titrée, d'une excellente famille, à-peu-près de votre âge, belle encore, assez riche pour vous donner les moyens de le devenir encore davantage ; en un mot, c'est la vicomtesse de Beauharnais, dont le mari a péri sur l'échafaud. Je vous donne jusqu'à demain pour réfléchir ; allez, et n'oubliez pas que le commandement de l'armée d'Italie est une portion de sa dot. »

Je me retirai chez moi pour réfléchir aux propositions qui m'étaient faites. D'un côté j'entrevoyais un brillant avenir ; mais il n'était pas commencé, et Barras pouvait m'en fermer la route. Refuser était à-peu-près mon intention. Cependant je réfléchis que c'était ruiner ma fortune à peine commencée ; enfin, avant de prendre un parti, je voulus voir madame de Beauharnais, que je ne connaissais que de nom.

Le surlendemain, Barras nous ménagea une entrevue chez l'un de ses amis. J'avouerai qu'au premier abord la vicomtesse me parut charmante. Une taille élégante, une fraîcheur qui démentait son âge, et surtout les avantages extérieurs d'une personne élevée dans le grand monde; toutes ces choses réunies m'eurent bientôt décidé. Je serrai la main de

Barras, il me comprit ; et huit jours après, la veuve du vicomte de Beauharnais était mon épouse.

Je ne fus pas huit jours sans apprécier les qualités de ma compagne légitime ; douce, aimable, prévenante, attentive à me complaire, oui, et j'en fais l'aveu, si l'ambition n'avait endurci mon cœur, si la soif des honneurs de plusieurs diadêmes ne m'avait commandé l'ingratitude et l'insensibilité, la première impératrice des Français n'eût jamais versé de larmes ; mais il n'était rien dans ce monde que je n'eusse sacrifié à l'immensité de mon ambition.

Joséphine n'était pas seulement un être précieux sous le rapport des qualités morales ; mais elle était encore adorable sous les rapports de l'amour et de la volupté. Décente et modeste dans les cercles, Joséphine, en tête-à-tête avec moi, devenait tout-à-coup un nymphe badine et folâtre, dont le jeu et les caresses ont plus d'une fois suspendu en moi les chagrins inséparables du trône et les ennuis de la représentation. Elle touchait à sa vingt-huitième année : j'ai depuis connu bien des femmes qui, à seize ans, n'avaient pas pour se faire aimer la moitié des charmes et des moyens qu'avait alors mon épouse, quoique bien plus agée.

Si j'ai conservé sur le trône quelques restes d'aménité, Français! si vous n'avez pas eu le plus sévère, le plus sourcilleux, le plus morose des monarques, remerciez-en Joséphine : sa douceur, ses caresses ont souvent adouci mon caractère et réprimé mes fureurs.

Il y avait à peine huit jours que j'étais marié, lorsque je reçus une lettre datée de Toulon. Je l'ouvre; quelle est ma surprise! elle était signée Charlotte Midelton. Le nom d'une amie si précieuse vint rallumer dans mon cœur des sentimens que ma nouvelle fortune n'avait point étouffés. Mon ambition grossit alors à mes yeux la somme des avantages que je pouvais retirer d'une pareille connaissance; je me faisais un bien doux plaisir d'avoir auprès de moi un conseil dont je n'aurais jamais à soupçonner la fidélité. Vaines espérances! bientôt je fus détrompé.

Charlotte Midelton à Buonaparte.

« Depuis huit jours je suis arrivée à Toulon; je me disposais, monsieur, à vous rejoindre dans la capitale. En quittant mon amant, je lui avais promis de ne point lui dire un éternel adieu : ivre de sa nouvelle fortune, je venais lui prouver que je ne sais pas faire de faux sermens. Tous mes apprêts étaient faits, j'allais partir; cinq jours de plus et j'étais dans ses bras. Cependant un bruit circule; il se confirme : Buonaparte vient d'épouser Tascher de la Pagerie, la veuve Beauharnais; cette femme lui apporte en dot le commandement en chef de l'armée d'Italie. Ne crois pas, mon ami, qu'une basse jalousie vint alors me prêter ses fureurs; un pareil sentiment n'est le partage que d'une femme vulgaire. Je me dis : Buonaparte est brûlé d'ambition ; cette noble passion est tout son être; non, son hymen n'est qu'une suite de son systême; il n'a suivi en cela que les leçons que moi-même je lui avais données. Madame de Beauharnais le portait au suprême commandement : il l'a nommée son épouse, il a bien fait. Donc, mon ami, te voilà justifié. Néanmoins, une fois dit, l'époux d'une autre femme ne peut plus être mon amant : une bouche humide encore des baisers d'une autre ne déposerait plus *sur mes lèvres que le fiel du plaisir ; ses caresses seraient de fer.* Je ne connais personne au monde digne de partager l'amant que je voulais conserver. Maintenant, Buonaparte, l'amante a parlé pour la dernière fois; pour la dernière fois aussi l'amie va se faire entendre. Je serai concise et raisonnée; je ne te parlerai que du théâtre où tu vas débuter; les avis que je vais te donner ne conviennent qu'à toi et ne sauraient convenir à d'autres. Turenne combattait pour son roi, les bornes de son avancement étaient posées; Buonaparte ne connaît pas de monarque; il est à lui-même son prince et sa patrie : les bornes de ses prétentions doivent être dans l'infini; l'impossibilité absolue de les reculer doit seule en marquer la place.

« L'armée que tu vas commander est peu nombreuse et toujours sur la défensive, sur les rochers stériles de Gênes. Elle est sans équipages, sans solde et dépourvue de tout. L'art de parler au soldat doit devenir le tien ; chez les Français des mots produisent de terribles résultats. Mais ce n'est point à du papier écrit, lu à la tête des régimens, que tu dois confier le soin de faire passer dans l'âme du soldat les sentimens du courage dont il faut qu'il soit animé pour le succès de tes conquêtes. C'est toi-même qui dois haranguer tes guerriers ; il faut que ta bouche exhale dans celle de chaque soldat les phrases brûlantes et laconiques qui doivent les précipiter dans les champs du carnage. Que souvent les mots soient à la portée de tous. N'oublie pas sur-tout de mêler à tes discours les intérêts personnels et le bien-être du soldat. Rien n'est décisif comme ce style du général Marceau sur les bords de la Moselle : « Soldats, dit-« il aux siens, dans une heure vous « serez aux prises. Culbutez l'ennemi, « jetez-le au-delà du fleuve, et dans « cinq jours vous serez chaussés, vêtus « et soldés. » Ces trois derniers mots valurent dix bataillons ; le fleuve fut passé.

« L'armée que tu vas commander compte déja des généraux célèbres : Augé, Joubert, Masséna, Rampon, Berthier. Ton début près d'eux doit être noble et réservé. Fais un instant l'éloge de chacun d'eux, mais en termes qui leur laissent soupçonner que tes talens rivalisent au moins avec les leurs. S'ils te paraissent avoir quelque mépris contre les membres du gouvernement, laisse-leur ce sentiment-là ; c'est un grand moyen de les rallier à toi.

« Dans les divers renforts qui vont être mis à ta disposition, et dans toute autre occasion, que ton choix tombe toujours sur les meilleurs régimens. Ce dernier point est du plus grand intérêt pour un général en chef; car opérant avec cinquante mille hommes de bonnes troupes ce que des généraux ses rivaux sur un autre point ne peuvent effectuer avec quatre-vingt mille soldats faibles ou découragés, le premier nécessairement l'emporte et passe pour un grand homme, tandis que souvent il n'est qu'un homme adroit. Le vulgaire des hommes, et même des ministres, comptent souvent plus le nombre des soldats que leur valeur. Quant au succès d'une bataille, ménage-toi toujours les moyens d'en rejeter le non succès sur tes généraux. N'oublie pas que pour ce dernier article il faut beaucoup d'esprit, de sagesse et d'intrigue.

« De tes débuts dépend le succès de ta campagne, et peut-être celui de ta carrière militaire. Au nom de tes intérêts, abandonne les affaires de poste; fonds comme un torrent dans les champs fertiles du Piémont et de la Lombardie; mets à profit les plus minces succès : suis vivement l'ennemi défait; ne le laisse pas respirer dans les momens difficiles. Prends ton parti sur-le-champ; que ton coup d'œil soit sûr et rapide : marche au péril de front; compte les oriflammes prises à l'ennemi et non point le sang qu'elles coûtent. Voilà, Buonaparte, les derniers conseils que mon amitié devait à tes débuts dans un commandement supérieur; ils sont le fruit de longues réflexions : je les livre à ton examen. Maintenant je vais rejoindre les lieux qui m'ont vue naître. Si tu remplis l'idée que j'ai de toi, tes succès sans doute parviendront dans ma solitude. Je me dirai alors : Ce grand homme a reçu des leçons de Charlotte. Si, au contraire, des revers viennent t'accabler, j'éprouverai quelque plaisir à me dire : Si Charlotte eût été auprès de lui, la fortune ne l'eût point abandonné. »

CHARLOTTE MIDELTON.

Une portion du contenu de cette lettre m'avait vivement fait sentir la perte que j'avais faite; mais ses dernières phrases me prouvèrent que Charlotte réunissait à beaucoup d'esprit une forte dose d'amour-propre.

Comme il fut toujours dans mon caractère de ne point aimer quiconque osa se prononcer trop hardiment à mon égard, la perte de Charlotte me devint moins sensible. Femme altière, me dis-je, un jour elle se croirait peut-être faite pour me donner des lois, ou peut-être s'attribuerait-elle le mérite de mes exploits. Elle repasse les mers; tant mieux : je puis me suffire. Ainsi finit mes liaisons avec une femme extraordinaire, dont cependant j'ai reçu d'excellens avis.

Cinq mois s'étaient écoulés depuis le 13 vendémiaire. Présageant la carrière que j'allais parcourir, je n'avais pas perdu un seul instant; tout avait été sacrifié à l'étude, et les meilleurs auteurs dans l'art de la guerre m'étaient devenus familiers.

Tout entier à mes vastes projets, j'éprouvai très-peu de peine à quitter ma nouvelle épouse, et cependant elle m'était chère sous tous les rapports. Je lui laissais, il est vrai, un grand titre, de brillantes espérances, et la Malmaison. Enfin, mon départ pour l'armée d'Italie fut fixé au 1er. d'avril. Mon épouse fut sensible à notre séparation; elle me donna d'excellens conseils sur quelques-uns des généraux qui allaient servir sous moi.

En 1791, j'avais quitté Marseille en proscrit; jugez quel plaisir ce fut pour moi d'y rentrer quelques années après glorieux et triomphant! Quel regard dédaigneux je laissai tomber sur cette cité insolente qui n'avait point su m'apprécier!

Arrivé à l'armée d'Italie, tout me

fit sentir que mademoiselle Midelton m'avait donné un excellent avis, en me conseillant d'abandonner les affaires de postes, et de fondre comme un torrent dans le Piémont et la Lombardie : c'est ce que je fis. Enfin, comme ce sont mes amours que je décris, je laisserai à la plume de l'histoire le soin de narrer mes exploits : je dirai seulement qu'en dix-huit jours, j'avais livré et gagné six combats, conquis le Piémont, et dispersé deux grandes armées. J'en appelle au cœur de tout Français : n'est-ce pas un tableau précieux pour l'histoire, qu'un jeune soldat de vingt-six ans, forçant les plus habiles généraux de l'Autriche à lui abandonner la victoire ?

Cependant un aussi brillant début ne passa point mes espérances : seulement il me donna la conviction que, désormais, je pouvais prétendre à tout; et de tous les titres que j'ai cumulés sur ma tête, aucun ne m'a paru démérité et au-dessus de moi.

Maintenant, lecteur, je te préviens que le reste de cet ouvrage sera moins riche dans ses détails, moins positif dans les noms des diverses personnes qui vont y figurer; j'en désignerai seulement les titres, mais rarement les familles. On peut croire que mon intérêt personnel me prescrit seul une pareille modération. Les diverses femmes qui, pendant que j'étais sur le trône, ont passé dans mes bras, appartiennent, soit à des époux, soit à des parens, dont peut-être un jour j'aurai encore besoin. Oui, Français, du haut de ce rocher où les évènemens m'ont relégué, sentinelle attentive, je veille sur l'univers. Je classe et les fautes des rois, et l'esprit des peuples. Mon cœur est tout entier en France ; j'y compte mes anciens compagnons de gloire, j'écoute leurs murmures ; je me dis en secret : Mes amis, bientôt peut-être j'irai vous consoler. Cet espoir motive donc la gaze que je mettrai désormais dans ces mémoires. D'ailleurs, je n'ai plus à décrire des scènes de tendresse et d'amour.

Si le jour où, pour la première fois, je plaçai sur mon front le bandeau des monarques ; si ce jour, dis-je, a fait époque dans l'univers, il a fait aussi dans toute ma personne une révolution totale. L'étiquette de la cour, la majesté du trône, la distance qu'il fallait absolument marquer entre mes courtisans et moi ; tout cela m'a calciné le cœur, durci l'âme et détruit le principe d'une foule de sensations qui firent le bonheur de mes premières années.

Ah ! si l'infortunée Mello pouvait secouer la poussière des tombeaux, cette tendre amie de ma jeunesse chercherait vainement sur le trône le premier ami de son cœur : l'ambition en a fait sa proie. S'il desire, il ne soupire plus ; il demande impérieusement, il achète, ou il arrache des faveurs. Le poison que la main d'une femme infâme a versé dans mes veines, a triplé l'irritation de mes nerfs, et des spasmes journaliers effarouchent plus d'une fois la belle que je viens d'étreindre.

L'immensité des objets qui m'environnent et qui appellent mon attention, auraient dû, je crois, réprimer le feu de ma voluptueuse imagination. Mais non, du jour où, monarque absolu, je pouvais prétendre à tout, mes desirs se sont accrus. Soit que la puissance m'eût fasciné les yeux, soit qu'elle m'eût rendu plus difficile sur le choix de la beauté, très-peu de femmes à ma cour me parurent dignes de moi.

Cependant la belle L..... fut la première sur laquelle je jetai mon dévolu. Cette femme superbe tient plus de la beauté de Junon que de celle de Vénus. Une taille de reine, le regard fier et le teint animé, en font une conquête telle qu'il en fallait une à mes caresses purement physiques : aussi a-t-elle écrasé toutes ses rivales, ou plutôt elle est la seule qui m'a toujours paru nouvelle, chaque fois que je l'ai reçue dans mon lit.

Cependant madame L....., toute belle qu'elle fût, ne pouvait suffire à l'inconstance de mes desirs ; une de ses filles d'atours, jeune blonde, vive et folâtre, ne me parut pas un morceau à dédaigner. Il faudrait un courtisan d'une vertu plus qu'humaine, pour se refuser aux caprices sans conséquence de son maître, sur-tout quand il tient tout de lui, honneurs et fortune : aussi un homme titré ne se refusa-t-il pas à me ménager chez lui un tête-à-tête avec la jeune personne que je convoitais depuis quelques jours.

Jamais surprise ne fut égale à celle qu'éprouva la belle en se voyant seule avec l'empereur des Français.

Interdite et n'osant faire un pas, son visage pâle et défait annonçait le trouble de son âme.

« Rassurez-vous, mademoiselle, lui dis-je : le monarque n'est pas ici, c'est l'amant, c'est un homme que vous avez séduit. » J'ignore quel air j'avais en prononçant ces paroles ; mais cette pauvre fille tremblait de tous ses membres. Vainement je lui fis les plus brillantes promesses ; elle était évanouie sur l'ottomane. Si je ne m'étais connu en femmes, j'aurais cru que cet évanouissement était un manège adroit pour ne point rougir de sa défaite. C'était réellement le contraire, la belle avait perdu connaissance : ç'en fut assez pour me faire brusquer l'aventure ; mais au moment où je dévoilais ses charmes, la victime se ranimant tout-à-coup, me repoussa violemment dans l'embrâsure d'une croisée. Ces obstacles, loin de ralentir mes desirs, les accrurent. « Quoi ! mademoiselle .... — Sire, laissez-moi, vous n'obtiendrez rien, vous me tuerez plutôt. — Vous tuer, chère amie ! je suis incapable de vous faire le moindre mal. » J'avançais toujours. « Sire, je vous préviens que je vais crier de toutes mes forces. » En effet, elle fit un cri ; je la pris alors par le milieu du corps, et la renversai sur le canapé, en lui fermant la bouche de mes baisers. J'ignore alors si ce fut la nature ou ses forces qui la trahirent ; ses traits se décolorèrent une seconde fois, et bientôt sa faiblesse me permit de consommer le sacrifice.

A peine eût-elle repris ses sens,

qu'elle voulut crier de nouveau. « Vainement vous crierez, lui dis-je, vous ne serez point entendue ici, tout est prévu pour cela. » L'infortunée voyant que le mal était sans remède, me demanda, pour toute grâce, de la faire sortir secrètement. « C'est à quoi j'ai pensé, ma belle ; mais avant d'obtenir la permission de vous retirer, il faut me jurer que vous ne me haïrez pas ; tenez, Jenny (c'était son nom), cette fois-ci ne sera pas la dernière. Les plaisirs que j'ai trouvés dans vos bras, me font un besoin de votre possession. Vous savez que mes volontés....—Votre majesté abuse.... — Non, mademoiselle, je n'abuse pas..... Tenez, recevez ce brillant ; je ne vous en prie pas, je vous le commande. » Je lui pris la main et lui passai moi-même l'anneau qu'elle accepta, ne pouvant le refuser. Il était nuit ; un escalier dérobé la conduisit à la porte du jardin, où une voiture qui l'attendait la ramena chez sa maîtresse. J'ignore par quelle bizarrerie cette petite fille me devint chère tout-à-coup ; mais le surlendemain je lui fis dire qu'elle eût à se rendre au même endroit. Celui que j'avais fait charger de cette commission revint avec un billet ainsi conçu :

Sire,

« Je vous prie de ne point abuser de votre puissance, et de ne pas trouver mauvais que je n'aille pas aujourd'hui où jamais je n'aurais dû me trouver. »

De Votre Majesté, l'infortunée sujette et servante

JENNY.

Ce billet m'aurait volontiers mis en colère, tant je desirais revoir cette jeune personne. Je me bornai cependant à renvoyer le billet suivant :

« Mademoiselle, si vous manquez à vous trouver ce soir où vous savez, demain je vous envois chercher publiquement en mon nom. »

L'EMPEREUR.

Il est facile de croire que Jenny n'osa me désobéir, et s'exposer à une esclandre publique. « Quoi! mademoiselle, lui dis-je, me croyez-vous assez ennemi de mon bonheur, pour me supposer capable de renoncer si vîte à votre aimable personne? —Sire, je suis perdue. » En vain eût-elle recours aux prières, aux larmes même, elle ne m'en parut que plus jolie. Je lui donnai plusieurs preuves de l'intérêt qu'elle m'inspirait. Je m'efforçai même d'adoucir la rudesse de mes manières : enfin, cette jeune fille ne me demanda d'autre grâce, que celle de ne la voir qu'en secret, de ne point la divulguer, fût-ce même avec l'intention de lui faire un sort brillant. J'admirai sa délicatesse, et sur-tout son désintéressement ; elle m'en parut plus jolie de moitié, et je continuai toujours à la voir secrètement.

A-peu-près à cette époque, je fus contraint d'aller me mettre à la tête de mon armée. Jenny familiarisée alors avec mes caresses, me fit promettre de ne point lui écrire pendant mon absence « Je sais, me dit-elle, tout ce que j'aurais d'humiliations à dévorer, si seulement on soupçonnait nos liaisons. » Ne prévoyant pas tout ce qu'elle voulait dire par ces dernières paroles, je promis de ne point lui écrire, et d'attendre à mon retour pour lui prouver combien je l'aimais.

Je n'ai point eu sur le trône la moitié des chagrins que les autres princes y éprouvent, par la raison que, rarement, j'ai donné mon secret et ma confiance dans les affaires domestiques. Cependant il est si difficile à la cour de bien cacher ses démarches, que, depuis longtems, madame L.... était instruite de mes liaisons avec sa fille d'atours. Naturellement fière et jalouse, elle fut vivement piquée de la rivalité : elle n'attendait que le moment de mon absence pour se venger. Elle se garda bien de faire naître aucun soupçon dans l'âme de Jenny.

J'étais à peine parti, que madame L.... se retira dans une de ses terres ; deux de ses femmes seulement l'y suivirent ; Jenny fut de ce nombre. Sa maîtresse lui dit un jour : « Jenny, avez-vous eu la petite vérole ? — Je crois, madame, vous avoir prévenue que non. — En ce cas, ma fille, il faut vous faire vacciner. Une jolie fille comme vous ! ce serait un meurtre. Votre figure, ma chère, peut vous faire d'illustres soupirans, et un beau jour votre fortune. Je vais demander un chirurgien, et vous faire vacciner. » L'infortunée demoiselle, sans soupçon comme sans crainte, consentit à tout ce qu'on voulut.

Madame L.... fut trois jours à

faire des recherches dans les environs de sa terre; enfin, elle découvrit un enfant attaqué de la petite vérole. Elle avait mis dans ses intérêts un chirurgien qui se rendit chez l'enfant malade; et sous prétexte d'avoir besoin d'un peu de virus pour une épreuve, il obtint, pour quelqu'argent, d'extraire un peu de suppuration des bubons de l'enfant malade. Muni de ce vaccin empoisonné, le bourreau courut innoculer la trop confiante Jenny. Les résultats de ce crime d'un nouveau genre furent terribles; des remèdes contraires lui furent donnés : enfin, après de longues souffrances, la santé lui fut rendue; mais ce n'était plus cette jeune fille dont la figure céleste m'avait séduit. Ce visage où naguère la fraîcheur et les grâces brillaient dans tout leur éclat, était cicatrisé en plusieurs endroits, et des cavités sans nombre avaient remplacé le poli de la beauté.

La cruelle L.... affectait un désespoir qui, certes, n'était pas dans son cœur. « Chère Jenny, lui disait-elle hypocritement, je suis désespérée d'être la cause innocente de ton malheur; mais si quelque chose peut te consoler, compte bien que jamais tu ne me quitteras et que je veillerai à ta fortune. » Croira-t-on que la victime ne soupçonna jamais son bourreau? Cependant la malheureuse fille ne connut les coupables qu'à l'instant où sa maîtresse elle-même lui fit l'aveu de son crime pour compléter sa vengeance.

Je revenais de Tilsitt, où j'avais donné la paix à la Prusse entièrement conquise; j'étais alors le plus puissant monarque de la terre. Le lendemain de mon retour, madame L..... me fit remettre le billet suivant :

« Le dieu de la guerre voudrait-il bien venir demain, incognito, recevoir d'une pauvre mortelle des reproches et un pardon? »

J'ai déja dit que madame L.... avait toujours quelques nouveaux charmes pour moi chaque fois que je retournais auprès d'elle ; je me rendis donc secrètement à son hôtel : l'espoir d'y rencontrer l'aimable Jenny entrait aussi pour quelque chose dans mon empressement.

Madame L.... me reçut dans son boudoir : elle était vêtue de manière à tourner la tête la mieux organisée; la volupté avait attaché les voiles. Tout son monde ignorait que j'étais dans la maison. Après les premiers complimens, madame L.... me dit : « Votre majesté ignore ce qui a causé mon empressement à vous voir chez moi? — J'aime à croire, mon amie, que c'est pour hâter les momens d'un bonheur dont je suis privé depuis longtems. — Oui, sire, votre félicité fut toujours l'objet de mes vœux les plus doux. Ecoutez : Votre majesté m'avait distinguée d'entre les belles de sa cour. Vous m'aimâtes, je vous payai de retour; mais, plus inconstant, une autre belle vous a séduit. Sire, je connais tout. Vous aimez une de mes femmes : Jenny, l'intéressante Jenny a su vous attendrir;

vous ne vous êtes pas vus une seule fois sans que j'en aie été informée : maintenant je cède à Jenny tous les droits que je peux avoir sur votre cœur, et de ce pas je vais vous l'envoyer. »

A peine ce dernier mot était-il achevé, que madame L...., plus prompte que l'éclair, était déja disparue. J'étais encore tout stupéfait de ce que je venais d'entendre, lorsqu'une femme entre dans le boudoir, me regarde et tombe sans connaissance à mes pieds. J'appelle du secours. Madame L.... revient seule et ferme la porte sur nous. « Que signifie tout cela, lui dis-je un peu vivement? quelle est cette femme? — Quelle est cette femme! Ah! sire, se peut-il que votre cœur vous laisse faire cette demande!

quoi ! dans ces traits, il est vrai un peu changés, votre œil ne distingue plus l'intéressante, l'aimable Jenny? — En ce cas, madame, faites-la secourir, ou sur-le-champ j'appelle tout votre monde. — Sire, je me chargerai seule de ce soin.... Je me suis pourvue de sels et d'eaux spiritueuses. » En effet, quelques minutes après, l'infortunée avait entièrement repris ses sens. Son premier mouvement fut de se jeter à mes genoux : « Sire, s'écria-t-elle avec l'accent du désespoir, faites-moi sortir de cette maison ; éloignez de vos regards une infortunée, que peut-être un crime.... — Mademoiselle, lui répliqua sa maîtresse, ne doutez plus que votre maladie fut forcée et la perte de votre beauté mon ouvrage. »

Je n'y tenais plus. Peu s'en fallut que la maîtresse du logis ne fût sur-le-champ la victime de mon juste courroux. Deux fois j'avais jeté les yeux sur mon épée qui était sur un fauteuil; mais calculant les suites d'un pareil éclat, j'ordonnai à madame L.... de faire avancer ma voiture. Ensuite m'adressant à la victime : « Prenez un voile, lui dis-je, montez dans mon carosse, courez où nous avons lié connaissance; renvoyez-moi ensuite ma voiture, et dans une heure je suis à vous, comptez sur ma protection. » Jenny disparut et je restai seul dans le boudoir avec madame L..... Mes nerfs étaient en contraction : j'écumais de colère et je brisai plusieurs meubles. Madame L...., tranquillement assise sur l'ottomane, me regardait et ne disait rien. «Monstre, lui dis-je, en la menaçant, êtes-vous satisfaite? Ai-je assez été le plastron de vos sarcasmes? Malheureuse, tu ne me connaissais donc pas?» Et lui secouant fortement le bras: «Répondez-moi, de grâce, répondez-moi. — Quand votre majesté sera plus calme, je me justifierai. — Parlez, je suis tranquille.» Je pris place alors à ses côtés. «Lorsque la première fois je cédai à vos pressans desirs, mon cœur n'avait point été seul consulté. Mon amour-propre était pour le moins de moitié dans ma faiblesse. En effet, qui peut calculer combien j'étais glorieuse d'être l'amante du héros de notre siècle, de presser dans mes bras le premier monarque du monde! Ah! sire, descendez au fond de votre cœur et rendez-vous justice. J'étais en secret la plus heureuse des femmes. Celui-là qui voit à ses pieds des princes et des rois, était quelquefois à mes genoux : quelquefois sa tête chargée de lauriers venait se reposer sur mon sein. Le maître du monde dormait sur mes genoux ! ô bonheur ! ô jouissance ! tout me fut ravi. Et qui donc m'a privée de cet amas de félicités? Est-ce son épouse ? est-ce une reine ? est-ce une princesse? non : c'est ma femme-de-chambre. Grand Dieu ! je doute encore si le fait est vrai. Il fallait bien que l'injure fût atroce pour m'avoir inspiré une aussi cruelle vengeance. Son crime a tout-à-coup métamorphosé mon caractère. Je ne suis pas née méchante ; consultez mes gens, ils vous diront que je suis bonne, que je suis la plus indulgente des maîtresses. Si votre majesté eût rassemblé moins de vertus sur sa tête, Jenny serait encore impunie. »

Madame L.... rayonnait alors de beauté ; de grosses larmes silonnaient ses belles joues. Ma colère avait fait place à mes desirs ; desirs impétueux que j'éteignis sur-le-champ dans les bras de celle que je voulais immoler un instant avant.

Je demande, au plus froid calculateur, si dans pareille occasion, il eût été moins faible. Un boudoir, une femme adorable à demi-nue, coupable, il est vrai, mais coupable par excès d'amour, se justifiant de manière à mettre de son côté son propre accusateur ! En fallait-il d'avantage pour me reconcilier avec madame L... ? Je suis

Corse, au surplus, et je sais trop jusqu'où la vengeance peut entraîner un être vivement offensé. En quittant madame L...., je courus où m'attendait l'infortunée Jenny. Je la trouvai calme et moins affectée de la perte de sa beauté, que je ne l'aurais cru. « Cette maison, lui dis-je, va devenir votre demeure, jusqu'à ce que j'aie trouvé l'occasion de vous placer de manière à vous consoler de votre malheur. Je vais donner des ordres. Vous serez servie ici avec tous les égards qui sont dus à celle que j'honorai de mon amitié. » Je n'oubliai pas mes promesses, et la même année, je lui fis épouser un de mes gens, que je nommai sur-le-champ gouverneur d'un château impérial.

Je crois que plus un homme,

fortement constitué trouve de facilités à satisfaire ses penchans voluptueux, plus ses desirs alors grossissent, et deviennent inconstans.

Une foule de femmes charmantes ont, pendant six ans, passé dans mes bras. Les unes ont volé au-devant de mes desirs; les autres se sont fait acheter. Celles-ci, naturellement vertueuses, n'ont cédé que lorsqu'elles ne pouvaient plus se défendre sans compromettre leurs intérêts et le repos de leurs familles. Quelques-unes enfin ont été surprises. Celui-là serait bien vulgaire qui me ferait un crime des moyens un peu forcés dont je me suis servi pour satisfaire un besoin physique imposé par la nature. Il oublierait qu'entre les autres hommes et moi, j'avais mis les distances de l'infini. Le monarque qui disposait alors de la moitié du monde, pouvait bien se donner à son gré quelques femmes, dont les trois quarts trouvèrent le bonheur et la fortune dans mes embrassemens. Si deux ou trois d'entr'elles eurent à se plaindre de moi, c'est qu'elles eurent des torts, et rarement je les pardonne.

Le Français léger et malin, sans approfondir l'affaire de la duchesse de R...., en a beaucoup ri; il a bien fait. D'autres personnes, se croyant en droit d'être plus sévères, ont vivement condamné mon procédé : celles-ci sont des imbéciles, gens ignorans et bavards, voulant toujours juger des objets sur la superficie.

La duchesse de R... n'est point

une jolie femme; mais sa taille est bien prise. Sa démarche est facile, et son regard plein de feu. Peu de femmes connaissent mieux l'anecdote du jour, et la racontent avec plus de grâce. L'arme de la satire lui est si familière, que vous prenez souvent pour un compliment ce qui n'est dans son sens qu'un sarcasme adroitement déguisé. Peu de femmes échappent à ses traits, et pas une ne s'en plaint. Elle a le grand secret de mordre et de se faire aimer. Est-elle embarrassée, un mensonge fortement tissu, improvisé sur-le-champ, la tire d'affaire, sans que le plus habile puisse la soupçonner d'imposture. Des traits mobiles, toujours prêts à prendre la couleur des circonstances et du moment, en font vraiment un sujet aimable, quoique quelquefois dangereux.

Telle qu'elle est, la duchesse de R... fit ma conquête. Son mari, à la tête d'un des premiers emplois, va souvent coucher dans une jolie maison de campagne qu'il a au nord de Paris. Rarement la duchesse est de la partie : aussi plus d'une fois a-t-elle partagé ma couche. J'ignore quel ressentiment elle conservait contre l'impératrice Joséphine ; mais depuis quelque tems, mon épouse était devenue l'objet de ses sarcasmes. Je lui avais témoigné plusieurs fois que ses propos me déplaisaient. Une nuit enfin qu'elle était couchée à mes côtés, après avoir fait mille folies voluptueuses dont elle était la principale actrice, je lui dis en riant : « Comment est-il possible, duchesse, qu'amie des ébats amoureux comme vous l'êtes, vous ayez pris pour époux un homme d'aussi mauvaise renommée en amour que M. le duc?» La belle fut probablement piquée de la question; car, oubliant ce qu'elle devait à mon rang, elle me fit de l'impératrice un portrait dont chaque coup de pinceau était humiliant pour moi. Ses mœurs et son âge furent tour-à-tour mis en jeu. Indigné de tant d'audace, je saute à bas du lit, j'en arrache l'insolente duchesse, et la pousse toute nue dans l'antichambre, en lui jetant ses vêtemens. Maintenant, qui oserait me blâmer? J'aime à croire que tous les Français diront avec moi que le châtiment ne fut pas proportionné à l'injure, puisque la coupable en a été quitte pour cet affront.

Les charmes d'une belle tête n'ont pas toujours eu mon hommage exclusivement. J'ai souvent recherché des femmes nulles sous les rapports de la beauté.

A la suite de la jeune impératrice était l'épouse du comte D... L'originalité de cette femme, son air sentencieux, démenti le moment d'après par un air folâtre que remplaçait ensuite un ton réservé et de cérémonie, me firent desirer la possession de cette femme, caméléon femelle, dont les inconséquences et les saillies devaient être plus ou moins délicieuses. Nos premières entrevues furent jonchées de voluptés. Mais son caractère indépendant et fier ne pouvait longtems me convenir. Jamais madame la comtesse D... ne vit en moi le souverain de la

France et de l'Italie. J'étais dans ses bras un amant précieux, à la vérité, sous les rapports du plaisir ; mais quant à mon rang, elle se faisait une tâche de le méconnaître. Une nuit, enfin, elle partageait mon lit à la Malmaison, dans un moment où le plaisir que j'avais puisé dans ses bras me tenait dans une voluptueuse extase. Elle eut la hardiesse de me dire ironiquement : « L'Empereur des Français, le roi d'Italie, le protecteur de la conféfation du Rhin, se pâme ! » Un rire sardonique s'échappe aussitôt de ses lèvres : ç'en était assez. Je m'habille à la hâte, la laisse là, et je retourne aux Tuileries, sans lui ouvrir la bouche. Ma vengeance n'eût point été complette, si je n'avais fait secrètement prévenir son époux que cette fidèle moitié qu'il croyait dans ses terres, couchait depuis deux jours à la Malmaison.

Quelle que soit l'impétuosité de mon caractère, jamais je n'ai affligé une belle sans en avoir de fortes raisons : aussi j'ai dédaigneusement méprisé les propos de ces lâches coteries de théâtre, de ces vils papillons qui osèrent me blâmer d'avoir éloigné de la capitale une comédienne dont l'inconséquence et la bêtise avaient compromis la majesté royale.

Mademoiselle G...... est, je l'avoue, une très-belle femme, une reine de théâtre qui, sous les rapports de la beauté, sera difficilement remplacée. Ce fut dans le rôle de Mérope que, séduit de la majesté de son port et de la beauté de ses formes, je conçus le projet de l'admettre aux honneurs de ma couche. Sa conquête n'offrait aucunes difficultés. Une actrice résister aux offres d'un monarque, est un miracle auquel ne croiraient point les générations présentes et futures.

Je m'étais formé de mademoiselle G...... l'idée d'une beauté parfaite. Le fini de ses traits, l'élégance de sa taille, le feu de ses regards; tout, enfin, dans cette superbe femme, promettait à mes desirs le complément de la volupté. Que j'étais loin cependant d'apprécier les qualités amoureuses dont la nature avait été prodigue envers elle! Sous les rideaux et dans les bras de cette actrice, un mortel se rapproche de la divinité par les plaisirs qu'il puise sur le sein de cette belle, véritable encyclopédie de jouissances et de voluptés.

Si tout autre sentiment que celui de mon ambition avait pu maîtriser mon être, je me serais mollement endormi dans les bras de cette voluptueuse amante : la variété de ses caresses et la saveur de ses baisers eussent engourdi mes sens, amolli mon courage et rétréci mes projets : mais non, je lui prouvai bientôt que,

Maître de moi comme de l'univers,

mon indifférence pouvait abandonner aujourd'hui sans regrets le même objet qui, la veille, lui avait paru d'un grand prix. Une nuit que mademoiselle G.... reposait à mes côtés, un songe affreux vint tout-à-coup s'emparer de mes sens. Il me semblait que mon trône s'était écroulé, tous les débris en étaient ensanglantés; mon malheureux beau frère, pâle et mourant sur des monceaux de cadavres, me lançait un regard sépulcral et farouche; moi-même je me voyais presque désarmé, à la merci des rois que j'avais tant de fois vaincus. J'indiquais à mes généraux les moyens de les écraser de nouveau : les ingrats, sourds à ma voix, demeuraient immobiles. Je sautai au cou du plus coupable d'entre eux; je voulais étrangler le perfide. Ce rêve épouvantable avait produit en moi une violente crispation; et croyant tenir le traître général, c'était mademoiselle G...... que j'avais prise à la gorge. Effrayée de mon état, cette belle eut la maladresse de pousser des cris affreux et d'introduire dans ma chambre à coucher une foule de personnes de tous les rangs et de tous les sexes. J'étais dans un état difficile à décrire ; mes veines s'étaient gonflées, le spasme était violent, et des mouvemens convulsifs agitaient mes membres. C'est dans cette situation que l'inconséquence de la reine du théâtre français livra le plus grand monarque de l'univers aux avides regards et peut-être aux critiques d'une foule de courtisans et de valets. On se peindrait difficilement quelle fut ma colère, lorsqu'en rouvrant les yeux je me vis ainsi entouré. Un monarque d'Asie eût sur-le-champ fait étrangler la coupable : je me contentai de l'éloigner de mes regards et de la capitale. Où sont donc mes injustices ? L'ignorance ou la haine peuvent seules m'en prêter dans l'affaire de mademoiselle G......

Parvenu au pinacle de la puissance, je me suis souvent amusé de certains individus qui croyaient que des plaintes ou des murmures pouvaient m'arrêter dans mes projets ou me retarder un instant de satisfaire mes desirs. Je dis plus: si j'ai fait plier sous mes volontés de fer et les affaires d'état et celles de l'amour, ce n'est jamais sans en avoir calculé les suites.

On plaint généralement en France une femme charmante que, d'après les préjugés reçus, mes caresses ont deshonorée. Cette femme, il est vrai, modèle de grâces, de vertus et de douceur, devait échapper à mes baisers : tout, si je n'avais été Buonaparte, me prescrivait de respecter ses charmes. Je l'aurais fait, j'aurais étouffé mes desirs; mais la conviction de ma puissance, à qui tout devait céder, les principes que je m'étais faits depuis mon enfance de sauter à pieds joints sur les notions vulgaires toutes les fois qu'il s'agirait de mon bonheur; ces diverses choses me faisaient une loi de ne point mollir dans une occasion où il ne s'agissait que d'une femme et de quelques préjugés. Mes impétueux desirs furent satisfaits; et si la victime et quelques autres individus en ont gémi, c'est que les uns et les autres pensaient comme le vulgaire des hommes. Tout mal qui n'existe que dans l'imagination ne saurait être un mal.

Je vais donc terminer ces précieux mémoires par un des plus grands évènemens de ma vie, je veux dire par mon hymen avec l'archiduchesse d'Autriche. Intimement persuadé de mes moyens physiques, et certain que Joséphine seule me refusait une lignée, je formai le dessein de me procurer, par un divorce, la douce satisfaction de donner des héritiers à l'état. Depuis deux ans je roulais ce projet dans ma tête; un reste d'estime, peut-être même d'amitié, retenait toujours l'aveu que j'en voulais faire à Joséphine : enfin, l'intérêt de ma couronne, les avis de mes conseils, et, s'il faut le dire aussi, le plaisir indiscible d'associer à ma couche une vierge pudibonde, issue du sang des rois; ces diverses raisons m'obligèrent à répudier l'excellente amie, l'épouse attentive et prévenante qui, la première, m'avait frayé le chemin du trône.

Sur le front de quelle princesse mettrai-je désormais le double diadême de la France et de l'Italie? est-ce au nord, est-ce au midi que je dois chercher l'auguste compagne de mes destinées? Enfin, ma pensée et mes intérêts *s'arrêtent sur un ange de douceur et de bonté : fille des Césars, le jour est moins pur que le fond de son cœur.* Un de mes grands va la demander solennellement à son père et la reçoit de ses mains. Sur le sein de Marie-Louise, archiduchesse d'Autriche, mon ambassadeur attache le portrait de celui qui désola les états de son père et fit répandre des larmes à toute sa famille. Pouvait-on me la refuser? non : c'eût été rallumer de nouveau une guerre que l'on ne pouvait plus soutenir. La politique et l'intérêt des peuples laissèrent partir pour mes états l'ange que les évènemens associaient à ma fortune. Si je n'avais pas surmonté le premier sentiment que m'inspira l'archiduchesse à notre première entrevue, je ne le décrirais point ici : ce fut presque la timidité d'un jeune écolier. L'aspect de cette jeune beauté, enveloppée de sa candeur virginale, me fit une impression qui me fit souvenir involontairement que jadis il avait existé des bornes immenses entre la fille des rois et le fils de madame Lætitia. Cependant je fus bientôt rendu à ma grandeur; et mon caractère, indigné de ma faiblesse, reprit aussitôt le dessus. Notre union fut bénie, et la fille des Césars fut remise aux caresses d'un monarque dont le nom seul faisait alors trembler l'Europe.

Lecteur, ne crois pas que pour satisfaire à l'avidité de tes regards, je souleverai indiscrètement le rideau de la couche nuptiale; non, profane, les douces étreintes de la jeune impératrice ne sont point du domaine des mortels : qu'il te suffise de savoir qu'elle m'a donné un fils.

Maintenant, Français, vous que, pendant vingt ans, j'ai pétris au gré de mes desirs, n'oubliez pas de vous dire, en finissant la lecture de ces mémoires : « L'homme extraordinaire qui les rédigea peut encore venir écrire ses volontés dans le palais des Tuileries. » (1)

---

(1) On n'oubliera pas que ces Mémoires ont été écrits dans l'île d'Elbe.

Fin du second volume.

www.ingramcontent.com/pod-product-compliance
Ingram Content Group UK Ltd.
Pitfield, Milton Keynes, MK11 3LW, UK
UKHW012200240726
13966UKWH00002B/485